Wodka in Sektgläsern

Danksagung an:

Meine Frau Anita, meine Söhne Simon und Mirko,
die meine vielen Knast-Macken erdulden.

Meine früheren Freunde (und Freundinnen),
die **nicht** bereit waren, für die Stasi zu spitzeln.

Xing-Hu Kuo

Wodka in Sektgläsern

Cocktail meiner liebeswürdigen Stasi-Damen

Mit einem Vorwort von Siegmar Faust

Anita Tykve Verlag

CIP-Titelaufnahme der Deutschen Bibliothek:

Kuo, Xing-Hu:
Wodka in Sektgläsern; Cocktail meiner
liebenswürdigen Stasi-Damen,
Böblingen: Tykve, 1993
ISBN: 3-925434-77-1

© 1993 by Anita Tykve Verlag, Postfach 1561,
D-7030 Böblingen (ab 1. 7. 93: 71005 Böblingen)
Telefon 0 70 31/38 54 36, Fax: 0 70 31/ 3 23 35
ISBN: 3-925434-77-1
Gesamtherstellung:
Studiodruck, Talstraße 68, 7440 Nürtingen-Raidwangen

Abkürzungen:

Abt.	=	Abteilung
ABV	=	Abschnittsbevollmächtigter der Volkspolizei, DDR-Blockwart
AG	=	Arbeitsgruppe
AGA	=	Arbeitsgruppe Ausländer
AO	=	Anordnung
AOP	=	Archivierter operativer Vorgang
APF	=	Arbeitsgruppe Paßkontrolle und Fahndung
Az.	=	Aktenzeichen
B	=	Befehl
BdVP	=	Bezirkebehörde der (Deutschen) Volkspolizei
Bln.	=	Berlin
BO	=	Beobachtung
BV	=	Bezirksverwaltung (der Stasi) in jedem der 14 DDR-Bezirke
EB	=	Ermittlungsbericht
FS	=	Fernschreiben, Telex
Gen.	=	Genosse (SED-Mitglied), Genn. = Genossin
GHI	=	Geheimer Hauptinformant
GI	=	Geheimer Informant (Spitzel)
GM	=	Geheimer Mitarbeiter
GMS	=	Gesellschaftlicher Mitarbeiter Sicherheit – ein offizieller Amtsträger, der aufgrund seiner Position mit der Stasi zusammenarbeitete
GVS	=	Geheime Verschlußsache
HGL	=	Hausgemeinschaftsleitung
HU	=	Humboldt-Universität (Ost-Berlin)
HVA	=	Hauptverwaltung Aufklärung, Markus Wolf's Auslandsspionagedienst
IM	=	Inoffizieller Mitarbeiter der Stasi (Spitzel)
K	=	Kriminalpolizei
KD	=	Kreisdienststelle der Stasi
KP	=	Kontaktperson, gelegentlicher Spitzel
KW	=	Konspirative Wohnung
M	=	Postüberwachungsabteilung der Stasi
MdI	=	Ministerium des Innern der DDR

MfS	=	Ministerium für Staatssicherheit
Op.Vg.	=	Operativ-Vorgang
OT	=	Operative Technik (Wanzen, Videogeräte usw.)
OV	=	Operativer Vorgang
SU	=	Sowjetunion
WB	=	Westberlin, WD = Westdeutschland

Inhaltsverzeichnis

Vorwort

Chinesische Weisheit, das ist jedermann ein Begriff. Doch nun werden wir mit dem schwarzen Humor eines Chinesen konfrontiert, der siebeneinhalb Jahre im Zuchthaus Bautzen absaß und darüber schon das vielbeachtete Buch veröffentlichte: **„Ein Chinese in Bautzen II"**. Nach seiner nunmehr möglich gewordenen Stasiakteneinsicht konnte es mein Schicksalsgefährte **Xing-Hu Kuo** nicht lassen, das was ihn nachträglich erheiterte und die Stasi bis auf die Knochen blamiert, der Öffentlichkeit nun ebenfalls zur Kenntnis zu bringen, obwohl es sozusagen teilweise aus dem Intimbereich stammt. Welche Komödie käme ohne diesen Bereich aus?

Die Vorlage für dieses komische Stück mit vielen Nackten in mehreren Akten schrieb zwar nicht die Wirklichkeit selbst, wie man so sagt, sondern der Hauptarbeit- und -auftraggeber der DDR-Gesellschaft: das Ministerium für Staatssicherheit mit seinen vielen Hilfsregisseuren, Komparsen und Stückchen-Schreibern.

Eine der über dreißig auf den damaligen jungen Studenten und Aspiranten in Leipzig und Ost-Berlin angesetzten Liebesdamen aus Mielkes Schoß-Trupp beschwerte sich anschließend bei ihrem Führungsoffizier über den „Wodka in Sektgläsern", der in Kuos Wohnung die Runde machte. Das nur zur Erklärung des Buchtitels.

Auch zum weniger lustigen Thema „Ausländerfeindlichkeit" deckt dieses Buch einiges auf. Aktenkundig wird, wie die SED mit ihrem Propagandaapparat lautstark den „proletarischen Internationalismus" proklamierte und mit ihrem Schnüffel- und Rüffelorgan gleichzeitig alle ausländischen „Freunde" bespitzeln ließ.

Nachdem Xing-Hu Kuo von afrikanischen Studenten als möglicher „Agent" denunziert und die totalitäre Stasi-Maschinerie in Gang gesetzt worden war, versuchte man ihn sogar zu „liquidieren".

Bitter war es für Kuo auch, nachträglich rekonstruieren

zu können, wie ein angeblicher Brief von ihm, der sich als eine gelungene Stasi-Fälschung herausstellte, dazu beitrug, seine damalige Freundin in die Dienste seiner Feinde zu treiben. Daß hieraus überwiegend der Stoff für Tragödien gezogen werden könnte, wissen wir nun schon aus den vielen anderen, den Buchmarkt füllenden Stasi-Akten.

Es spricht also sehr für die Weisheit meines chinesischen Freundes, sich in diesem Buch nicht als Märtyrer mit Leidensmiene zu präsentieren, sondern als Überlegener, der den Stasi-Mordterror überlebte und uns mit wenigstens einem lachenden Auge einen Cocktail mixte, der an Sarkasmus und Skurrilität nichts zu wünschen übrig läßt.

Siegmar Faust, im Frühjahr 1993

Anmerkungen
zu diesem Buch

Die Gauck-Behörde, deren Existenz und Tätigkeit ich als äußerst segensreich für unsere junge Demokratie, vor allem im östlichen Teil Deutschlands, betrachte, hat über mich bisher „nur" Akten aus den Jahren 1962–1965, bis zu meiner Verhaftung, gefunden. Dieses Buch ist eine Zusammenfassung der absurdesten, trivialsten, komisch-kriminellen Beichten meiner Damen und Herren SpitzelInnen der ruhmreichen Mielke-Armee, die sich als „Schild und Schwert der Partei" ausgab, somit eine Partei-Geheimpolizei war. Auch die meisten von mir bereits enttarnten Spitzel und Denunzianten waren SED-Funktionäre oder Parteimitglieder: so der griechische Schriftsteller Thomas Nicolaou, meine ehemaligen Studienkollegen von der Fakultät für Journalistik Karl Grube, Wolfgang Herr und viele andere mehr.

Die Entschlüsselung der Klarnamen aller gegen mich eingesetzten „IMs" (Inoffizieller Mitarbeiter), „KPs" (Kontaktpersonen), „GMs" (Geheimer Mitarbeiter) habe ich beim Bundesbeauftragten beantragt, sie sind jedoch bisher nicht geliefert worden.

Da meine Akte 1965 nicht abgeschlossen wurde, gehen sowohl die Gauck-Behörde als auch ich davon aus, daß bis zur Wende 1989 über mich weiterhin Berichte geführt worden sind, dafür gibt es im übrigen genügend andere Beweise.

Da ich jedoch seit 1972 im Westen wohne, war ich Observierungsobjekt der Markus-Wolf-Truppe, der „Hauptverwaltung Aufklärung" beim Ministerium für Staatssicherheit (MfS). Nun hat leider der damalige „Runde Tisch" nach der Wende beschlossen, diese Akten vernichten zu lassen. Und bei der Modrow-Regierung, aber erst recht beim Stasi-freundlichen Innenminister Diestel in der Regierung Lothar de Maizière, (IM „Czerny") dürfte einiges spurlos „verschwunden" sein.

Ich kann nur hoffen, daß gerade diese Akten doch noch gefunden werden. Denn allzu gerne hätte ich z.B. gewußt:

1) wer unter meinen „Freunden" und Kollegen in der alten Bundesrepublik hat mich für die Stasi bespitzelt?

2) wer hat 1987 eine Kampagne gegen mich als „Freund der Neonazis" im Westen entfacht, darunter auch ein „anonymer" Briefschreiber in der „Sindelfinger Zeitung", immerhin in meinem Wohnort die einzige Monopolzeitung.

In jenem Jahr 1987, wo die Stasi offenbar mit mir einiges vorhatte, wurde ich auch vom Stasi-Hofautor Julius Mader (Ost-Berlin) nach Prag in die „Lucerna-Bar" mit „vielen hübschen Mädchen" eingeladen.

Es war ebenfalls 1987, als in meinem Verlag ein einst prominenter SED-Journalist auftauchte. Er gab sich als „Opfer" und „Gegner" des SED-Regimes aus und gewann so mein Vertrauen. Nachdem ich fünf Bücher von ihm verlegte und ihn sogar auf weltweite Reisen von Kambodscha bis Panama schickte, begann er mich NACH der Wende mit unbegründeten „einstweiligen Verfügungen" durch alle Instanzen zu bekriegen. Er verlor sie, wer zahlt ihm aber die hohen Prozeßkosten?! Auch hier ist die Vermutung erlaubt, wir sollten unseren Kampf gegen die roten Seilschaften im Osten durch einen wirtschaftlichen Ruin einstellen.

So müssen wir uns zunächst mit diesem bunten und giftigen Cocktail begnügen. Mixer: das vergnügte Sex-Opfer (der Autor), Zutaten: meine liebes-würdigen Damen und Herren Spitzel. Vielleicht ist dieses Gebräu sogar anregend und amüsant.

XING-HU KUO
Sindelfingen, Weinböhla/Sachsen
1993

C O 2

Deutsche Demokratische Republik
Ministerium für Staatssicherheit

GVS

Dienststelle (Land): Leipzig

Abteilung: .... Kreisdienststelle: _____ V/ _____

Vorlauf-Operativ

Gruppenvorgang Nr. XIII/4/62

Bezeichnung: _Staatenloser_
"

$Band - I$

Beginn: 3. 1. 62

Beendet: _____

Archiv-Nr. _____

M f S

2793 / 66

13

Am 10. Januar 1962 bat das „Ministerium für Staats-sichereit" (MfS) Bezirksverwaltung Leipzig (Tagebuch-Nummer V/63/62) einen Vorgesetzten in Berlin, den „Genossen Oberst Schröder" um die Erlaubnis, mich zu bespitzeln. Wörtlich heißt es hierzu:

„Begründung:

Bei K. handelt es sich um einen gegen die DDR äußerst negativ eingestellten Aspiranten an der Journalistischen Fakultät. Er betreibt aktive politisch-ideologische Diversion und versucht deutsche Studenten der Journalistischen Fakultät negativ zu beeinflussen.

Von ihm werden an progressive Auslandsstudenten wegen ihrer politischen Haltung Drohbriefe versandt.

K. unterhält Verbindungen zu Studenten der Journalisti-schen Fakultät und es besteht der **Verdacht der Bildung einer Untergrundgruppe.**

Die Bearbeitung des K. mit Hilfe des B(eobachtung)-Auftrages 9/62 soll Aufklärung über den Inhalt von Zusammenkünften bei K. schaffen.

Stellvertretender Leiter des Bezirksverwaltung – op. Leiter der Abteilung V."

Anm. des Autors: Die sog. „Drohbriefe" war **eine** Warnung meines Freundes Dietmar Kirsten, gerichtet an den griechischen Schriftsteller Thomas Nicolaou, der mich und viele andere, darunter Siegmar Faust, der Stasi durch denunziatorische Berichte ans Messer lieferte. Nicolaou, ein enger Freund Christa Wolffs, (inzwischen ebenfalls als „IM" enttarnt!), hat bisher sogar geleugnet, mich überhaupt zu kennen. Dabei waren wir vier Jahre in einer Seminar-gruppe der Fakultät für Journalistik. In meinen Akten taucht er immer wieder mit vollem Namen als Informant der Stasi auf.

Ein Mitternachtstiger der Südsee

Für die Gedankenpolizei der DDR, die Stasi, war ich ein rätselhafter, „undurchsichtiger" Mensch. Diese Meinung wird sowohl in zahlreichen IM-Berichten als auch in den Einschätzungen der paranoiden Stasi-Führungsoffiziere deutlich. Auch die beim Biertisch üblichen Vorurteile gegenüber Chinesen kommen in allen diesen Berichten und Analysen zum Ausdruck. Jeder Ausländer in der DDR war schon deshalb verdächtig, weil sein Lebenslauf - im Gegensatz zum DDR-Bürger - nicht von der Wiege bis zur Bahre in entsprechenden „Akten" minutiös und mehrfach gecheckt jedem „Kaderleiter" wie ein offenes Buch aufgeklappt liegt. Deswegen hatte die große Damen- (und Herren-)riege, die auf mich angesetzt war, nicht zuletzt die Aufgabe, meine „Vergangenheit" gläsern zu gestalten, vor allem natürlich politisch-negative oder gar geheimdienstliche Aspekte zu beleuchten.

Die entsprechenden Berichte der Firma „Horch, Guck und Greif", wie die Stasi im Volksmund auch griffig genannt wurde, sind in diesem Buch zitiert. Zusammenhängend möchte ich jedoch über mich folgendes berichten:

Ich wurde am 12. Mai 1938 mitternachts im damaligen Batavia (heute Jakarta) geboren. Meine Eltern sind Chinesen: mein 1975 gestorbener Vater war der in ganz Südostasien und China berühmte und hochrespektierte Journalist, Autor und Verleger Kuo Ke-ming (in Südostasien bekannter in der Schreibweise des Fukien-Dialekts: Kwee Kek Beng), meine Mutter die Plantagen- und Batikfabrikantentochter Tee Lim Nio, Jahrgang 1908. Ich war also, wie meine Spitzel, die Stasi und später die „Justizorgane der DDR" bissig und klassenkämpferisch vermerkten, ein Mann „großbürgerlicher Herkunft". Mein Vater war im marxistisch-leninistischen Sinne ein „Ausbeuter". Wir lebten bis zur japanischen Besetzung der

15

paradiesischen Südseeinsel Java (1942–1945) in der Tat wie der liebe Gott in Frankreich. Wir wohnten in einem schönen Haus in Pal Merah in Jakarta mit einem herrlichen tropischen Garten. Zahlreiche einheimische „Babus" (Dienstmädchen) und „Jongos" (Diener), Chauffeure und Gärtner, Köchinnen usw. erleichterten uns das Leben in einem der letzten Paradiese dieser Erde. Bis zum 4. Lebensjahr verbrachte ich eine ruhige, umsorgte Jugend mit meinen drei älteren Geschwistern. Meine älteste Schwester, Dr. Kwee Hin Hoa, machte später eine steile Karriere als eine der Direktorinnen der indonesischen staatlichen Nachrichtenagentur ANTARA, für eine Frau in Ostasien, dazu noch chinesischer Abstammung im islamischen Indonesien, eine wirklich bemerkenswerte Laufbahn. Mein Bruder, der einstige Architekt der Elite Jakartas, Kwee Hin Goan, der heute in Holland lebt, zählte zu seinen Kunden eine Ehefrau von Präsident Sukarno, zahlreiche Minister gingen bei ihm ein und aus. Meine andere Schwester, Hin Lan, ist jedoch wegen häufiger Krankheiten zu Hause geblieben und hat nie einen Beruf erlernt.

Dies war unser familiäres Ambiente, das als „kapitalistisch" bezeichnet werden kann. Politisch wurde ich in Niederländisch-Indien geboren, also auf holländischem Territorium. Ich kam bereits als holländischer Untertan (nicht Staatsbürger!) und gleichzeitig chinesischer Staatsbürger, als Sohn chinesischer Eltern, zur Welt. Mein Vater, Herausgeber und Chefredakteur der einflußreichen Zeitung für Auslandschinesen „Sin Po" (das Blatt erschien in Chinesisch und Malayisch, es gab auch holländische Wochenzusammenfassungen), galt als der geistige Wortführer der pro-chinesischen nationalen Gruppierung in der chinesischen Kolonie in Niederländisch-Indien und im späteren Indonesien.

Unter den drei bis vier Millionen Chinesen in Niederländisch-Indien gab es drei Strömungen: eine Minderheit votierte für die Niederlande, eine andere Minderheit sympathisierte vor allem mit der indonesischen Freiheitsbewegung und die Mehrheit orientierte sich, wie mein Vater, nach China. So forderte die Zeitung „Sin Po" die Chinesen in Niederländisch-Indien auf, japanische Waren im chinesisch-japanischen Krieg, der 1937 ausbrach, zu boykottieren. Dies brachte meinem Vater ein Todesurteil der japanischen Geheimpolizei „Kempeitai" ein, allerdings versteckte sich mein Vater samt Familie in Bandung genau gegenüber dem Hauptquartier von Nippons Gestapo ... richtig kalkulierend, daß man ihn dort wohl kaum suchen würde ...

Als ich geboren wurde, dröhnten die Moscheen in Batavia, wie gesagt, es war Mitternacht und ein großer islamischer Feiertag. Nach altchinesischem Glauben wurde ich in einem Jahr des Tigers (1938) geboren und hatte die Charakterzüge und den typischen Lebenslauf dieser Groß-katzen: Abenteuer aller Art, Zuchthaus, Krankheiten, immer mal kurz vor dem Tode stehend, kampflustig und nicht feige, dominant und brillant, so werden die Tiger von den chinesischen Astrologen eingeschätzt. Besonders ge-fährdet ist das Leben derjenigen Raubkatzen, die zur mitternächtlichen Geisterstunde zur Welt kommen, so wie ich. Wie mein späteres Leben bestätigte, war ich in der Tat ein würdiger Tiger, wie Bautzen, Stasi und auch mein Leben davor und danach bis heute belegen. Meine Eltern nannten mich „Xing-Hu", d.h. den „fröhlichen Tiger". Nun ja, ich hatte neben viel Fröhlichkeit auch nicht wenige tränen-reiche Jahre erleben müssen, aber das gehört eben zum Schicksal eines Dschungel-Tigers aus der Südsee ...

Mein Vater, obwohl ein national gesinnter Chinese, war, wie die meisten Angehörigen dieses Volkes, ein Pragma-tiker. Seine vier Kinder, auch mich, schickte er in die teuersten privaten niederländischen Schulen, denn damals konnte jemand in der holländischen Kolonie nur eine berufliche Perspektive haben, der eine holländische Schul-bildung vorweisen konnte. Deswegen wurde mir schon im zarten Alter von etwa drei Jahren das Holländische gelehrt, damit ich mit sechs Jahren ohne Mühe die holländische Schule besuchen konnte.

Bevor es jedoch dazu kam, erlebte ich erst einmal eine vierjährige Hölle während der japanischen Besatzungszeit in der westjavanischen Stadt Bandung. Ein Bruder meiner Mutter, „Onkel Piet" genannt (Tee Goan Tjoen) nahm großherzig die sechsköpfige Familie in sein Haus, wie gesagt, direkt gegenüber dem japanischen Polizeihauptquartier, auf. Hierfür bin ich ihm für immer zu Dank verpflichtet. Es waren harte Jahre, es gab wenig zu essen, ich lernte den Hunger kennen. Die kriegerischen Auseinandersetzungen zwischen Japanern, Holländern, Briten und Indonesiern lehrten mich den Krieg fürchten und hassen.

Erst 1947, zwei Jahre nach dem Ende des 2. Weltkrieges in Europa – in Asien wurde weiter gekämpft – konnte ich dann in Batavia (Jakarta) zuerst holländische und später indonesische Schulen besuchen, 1956 machte ich das Abitur und arbeitete u.a. als Assistent eines amerikanischen Wissenschaftlers der Cornell-Universität, der in Indonesien die Geschichte der dortigen Chinesen erforschte. Diese absolut harmlose Tätigkeit – ich mußte Zeitungen auswerten und Artikel archivieren, in Bibliotheken entsprechende Literatur durchforsten – war in Leipzig und Ost-Berlin ein „Indiz" dafür, daß ich ein „CIA-Spion" sei ... Sogar der Direktor des Ostasiatischen Instituts in Leipzig entblödete sich nicht, mich schon deshalb für einen mutmaßlichen Agenten zu halten, weil ich „im kolonialen Sinne" erzogen sei...

Natürlich wußten dieser Professor Schubert und Stasi nicht, daß ich schon als Schüler in meinen brillanten Aufsätzen kritisch die holländische Kolonialpolitik behandelte. Die holländischen Lehrer, das muß ich fairerhalber sagen, haben dies zwar in Gesprächen mit mir unter vier Augen mißbilligt, gleichzeitig ihren Respekt vor meiner eigenständigen Auffassung zum Ausdruck gebracht. Was für eine noble Haltung der „kolonialen" Holländer, wenn ich dagegen an die heimlichen, miesen Denunziationen der Stasi-Spitzel denke, die meine sogenannten „staatsfeindlichen Äußerungen" klammheimlich registrierten, ohne je den Mut zu einer offenen Aussprache zu haben.

Durch die holländischen Eliteschulen – die Mehrzahl waren holländische Kinder der kolonialen Oberschicht, hoher Beamter, reicher Unternehmer und Plantagenbesitzer, lernte ich schon früh den Umgang mit „Langnasen", wie Weiße von Chinesen genannt werden. Dies hat mir später die Integration in Deutschland erheblich erleichtert, zumal das Holländische mit dem Plattdeutschen eine sehr starke Ähnlichkeit aufweist.

Europa selber lernte ich erstmalig im Alter von 17 Jahren kennen: ich bereiste 1955 Frankreich, die damalige Bundesrepublik, Holland, England und gewann einen äußerst positiven Eindruck von West-Europa und West-Deutschland.

Der Kalte Krieg und mein Studium in Leipzig

Mein Vater schwärmte 1949 nach der Gründung der kommunistischen Volksrepublik China für Mao Tse-tung und dessen Poltik. Als einflußreicher Publizist wurde er deshalb sehr bald von der Pekinger Regierung eingeladen. Zurückgekehrt und hofiert von höchsten chinesischen Kadern schrieb er mehrere begeisterte Bücher über seine Eindrücke vom neuen roten Riesenreich. Sein Buch „Befreites China" erschien dreisprachig: in chinesischer, indonesischer und sogar holländischer Sprache. Es hat viele Auslandschinesen tief beeindruckt. War mein Vater, der konservativ-konfuzianische Verleger, plötzlich ein Kommunist geworden?

Keineswegs. Als führender Auslandschinese freute sich mein Vater, daß endlich hinter den Millionen von Landsleuten in der Diaspora, vor allem in Südostasien, wo die Chinesen auch die „gelben Juden" genannt werden, in Peking nicht mehr das impotente Kaiserreich oder das genau so schwache Regime der ersten Republik unter Sun Yat-sen und später Tschiang Kai-schek „regierte", sondern eine Weltmacht, später sogar eine nukleare Großmacht, vor der auch die Großmächte Respekt und Furcht zeigten. Diese Schutzfunktion für die verfolgten „Hua Chiaos", die Chinesen in Übersee, machte aus meinem Vater einen „patriotischen Auslandschinesen", so die Pekinger Sprachregelung.

Da gleichzeitig die indonesische Kommunistische Partei immer mehr an Einfluß gewann, gab es auch plötzlich recht gute Beziehungen zwischen Jakarta und Ost-Berlin. Viele linke Intellektuelle, darunter mein Schuldirektor Sunito, empfahlen mich für ein Studium in einem „sozialistischen" Land. So kam ich mit einem Stipendium des Internationalen Studentenbundes (ISB) mit Sitz in Prag, zum Studium nach Leipzig. Bis auf meine großbürgerliche Herkunft schien ich

20

ja ein „fortschrittlicher" Mensch zu sein, inzwischen war mein Vater auch Vorsitzender der Indonesisch-Chinesischen Freundschaftgesellschaft geworden, und China wiederum war damals noch ein großer „Freund" der DDR.

Als ich nach Leipzig kam, im Sommer 1958, hatte ich in der Tat zur DDR keine grundsätzlich negative Einstellung. Ich war zwar ob der offensichtlichen Misere der Versorgung und der Massenflucht (erst 1961 wurde die Mauer gebaut) etwas entsetzt, auf der anderen Seite hatte ich einen gewissen Respekt vor den Versuchen der SED, in einem geteilten Deutschland mit offenen Grenzen eine „gerechte, humane, sozialistische" Gesellschaftsordnung zu errichten ... So wurde ich dann anfänglich auch relativ positiv beurteilt, aber auch nur relativ!

Je länger ich in der DDR blieb - ich studierte an der Fakultät für Journalistik, Hauptfach war der Marxismus-Leninismus! – um so klarer erkannte ich den unüberbrückbaren Gegensatz zwischen herrlicher Theorie und gräßlicher Praxis. Vor allem lernte ich die DDR-Partei- und Staatsfunktionäre genauer kennen: nicht nur ganz oben (Ulbricht etc.), sondern auf allen Ebenen regierten und diktierten karrieresüchtige, skrupellose, auf niedrigstem Bildungsniveau stehende Männer und Frauen das terrorisierte Volk. Meine Abneigung wuchs tatsächlich mit jedem Tag und dies brachte ich ziemlich unbekümmert und unverblümt zum Ausdruck, vor allem, wenn ich glaubte, mit „Freunden" offen sprechen zu können...

Ich ahnte damals nicht, daß rund 40 IM's fleißig Notizen machten, eine Abhöranlage in meinem Studentenzimmer 210 in der Nürnberger Straße 48 installiert worden war, meine Post heimlich mitgelesen wurde, ich oft Tag und Nacht von hauptamtlichen Stasi-Leuten observiert wurde. Ich habe dies für meine Person einfach gar nicht für möglich gehalten, denn schließlich war ich einer von Tausenden von ausländischen Studenten in der DDR ohne jede Bedeutung. Glaubte ich jedenfalls. Meine Freunde jedoch waren so wie ich: kritische, weltoffene junge deutsche und ausländische Studenten und Studentinnen, mit denen ich manch feucht-

21

fröhliche Nacht in Leipzigs wenigen Kneipen verbrachte oder auch in unseren bescheidenen Buden, wobei der Alkohol – der den Sozialismus erst ertragbar machte – reichlich, ja überreichlich floß, wie meine Stasi-Informantinnen auch fleißig und tadelnd berichteten. Ich hatte Kontakte zu „Staatsfeinden" wie dem Studentenpfarrer Schmutzler, der mehrere Jahre politisch inhaftiert war – zum ersten Mal hörte ich Details über die Zustände in DDR-Gefängnissen, Mitgliedern der Jungen Gemeinde, aber auch zu den wenigen kritisch denkenden Journalistik-Studenten wie meinem Freund Dietmar Kirsten aus Leipzig, der in meinen Stasi-Akten fast genau so oft „negativ" auftauchte wie ich, der Studentin Ingrid Littinski, die später Selbstmord begangen haben soll, wie ich nach der Wende erfuhr, und zu der ich keineswegs, wie in Spitzelberichten behauptet, ein „intimes" Verhältnis hatte, sie war einfach ein richtiger Kumpel.

Um dem trüben sozialistischen Leipziger Alltag zu entfliehen, lud ich manche gute Freunde ein, in West-Berlin etwas von der frischen Berliner Luft zu schnuppern, die allerdings nur westlich des Brandenburger Tors und gegen teure Westmark zu haben war. Wir hatten da einige harmlose Vergnügungen: ich lud sie ein, chinesisch zu essen, in der DDR ein völlig unbekannter lukullischer Genuß, besuchten Kinos am Zoo, sahen den Schinken „Spartacus" mit Kirk Douglas, und äußerst selten, mal ein harmloses Nachtlokal im Westen. Das Umschlagfoto z.B. zeigt mich in einem solchen: beim Drapieren einer nackten Schönheit gewann ich sogar den ersten Preis. Nicht etwa besagte Dame, sondern eine Flasche Champagner, mein Lieblingsgetränk ...

Diese Besuche in West-Berlin vor dem Mauerbau waren ebenfalls Gegenstand zahlreicher heimlicher Berichte von IM's und öffentlicher Auseinandersetzungen im „Roten Kloster", wie die Fakultät für Journalistik genannt wurde. Mein Freund Dietmer Kirsten wurde exmatrikuliert, Ingrid Littinski wurde scharf kritisiert und diszipliniert. In dieser Situation des „verschärften Klassenkampfes" war der griechische Kommunist und spätere DDR-Bestsellerautor **Thomas Nicolaou** ein Stalinist von besonders üblem denunziatorischem Charakter. Sowohl in den Partei- und FDJ-Versammlungen als auch in seinen Berichten für die Stasi, die ich jetzt lesen konnte, erwies er sich als Intrigant und Denunziant der Sonderklasse. Das besonders Perfide bei dem griechischen SED-Mitglied war, daß er selber des öfteren in West-Berlin war, bei anderen kritisierte er dies als „klassenfeindliches Verhalten", bei ihm war natürlich alles „in bester Ordnung".

In dieser Situation machte ich mich sehr unbeliebt bei den Funktionären, weil ich als Gast auf diesen Versammlungen – ich war weder SED- noch FDJ-Mitglied – die Regie störte. Als einziger nahm ich die Angegriffenen in Schutz, so auch meinen Freund Walter Reisinger, heute Professor für Radiologie an der Berliner Charité, der wegen „ideologischer Schwächen" exmatrikuliert wurde, oder bei Dietmar Kirsten, als ich fragte, wieso das Betrachten des Filmes „Spartacus" etwas Negatives sei. Spartacus, so argumentierte ich, sei schließlich als Führer des Sklaven- aufstandes eine „fortschrittliche Persönlichkeit", die Vor- läuferin der KPD hieß schließlich „Spartakus-Bund". Solche Bemerkungen brachten die Genossinnen und Genossen in arge Verlegenheit und in den Stasi-Berichten wurden diese ersten Unbotmäßigkeiten eines Ausländers übel vermerkt. Mein sog. „Betreuer" Karl Grube, bis zuletzt leitend im DDR-Fernsehen, sogar nach der Wende, tätig, schrieb dann auch in einem Bericht, den ich in meinen Stasi- Akten fand, ich sei „noch weit davon entfernt, ein Kommunist zu sein!". Welch ein Lob!

Die stalinistische Atmosphäre des Denunzierens, des gegenseitigen Mißtrauens, der spießigen Moral nach Ulbrichts „Zehn Geboten der sozialistischen Moral", haben bei mir erste ernsthafte Bedenken gegen den sogenannten Sozialismus à la DDR geweckt. Den end- gültigen Bruch mit diesem System kann ich jedoch exakt bestimmen: am 13. August 1961, am Tage des Mauerbaus in Berlin.

An diesem historisch so bedeutenden Tag befand ich mich gerade in Eisenhüttenstadt bei Frankfurt/Oder, zuvor „Stalinstadt" genannt, auch als „erste sozialistische Stadt" der DDR angepriesen: gräßliche Plattenbauarbeiterställe wie auch in Hoyerswerde, Halle-Neustadt oder Leipzig-Grünau.

In Eisenhüttenstadt besuchte ich meinen Freund Hallym Calehr aus Indonesien, der dort in einem Kankenhaus praktizierte.

Aus einem Stasi-Bericht

Im Studienjahr 1961 absolvierten eine ganze Reihe deutscher Studenten der Fakultät für Journalistik ihr praktisches Jahr in Berlin. Dabei stellte sich heraus, daß einige Studenten in dieser Zeit wiederholt nach Westberlin gingen, um Kinos und Nachtlokale zu besuchen sowie Einkäufe zu tätigen.

Kuo, der sich ebenfalls wiederholt in Berlin aufhielt, lud den Studenten Kirsten ein, zusammen mit einem anderen indonesischen Journalisten nach Westberlin zu gehen. Nach Angaben von Kirsten wurden Nachtlokale aufgesucht. Weiterhin zeigte Kuo dem Kirsten ein Studentendorf in Berlin-Zehlendorf und machte ihn auch mit einem west-berliner Studenten bekannt.

Kirsten und Kuo haben ein enges freundschaftliches Verhältnis.

An einigen Besuchen in Westberlin nahm auch der Student Bliedner teil. Durch Bliedner wurde bekannt, daß der genannte westberliner Student Archäologie studiert und sehr vermögend ist.

*Kuo hielt sich bei einem Besuch in Westberlin lange Zeit in der Wohnung dieses Studenten auf. Kuo und Kirsten hatten auch die Absicht, in Berlin den ehemaligen Journalistikstudenten Reisinger aufzusuchen. Die Studentin Littinski – ebenfalls Fakultät für Journalistik – unterhielt **intime** Beziehungen zu Kuo. Auch die Littinski wurde von Kuo mit nach Westberlin genommen und mit einem Studienfreund des Kuo von der O. (wahrscheinlich identisch mit dem Archäologiestudenten) bekanntgemacht.*

Kirsten suchte gemeinsam mit dem Studenten Schäfer (ebenfalls ein Freund von Kuo), Journalistikstudent, einen Bekannten von Schäfer in Westberlin auf, und zwar im Frühjahr 1961.

Dieser Bekannte wohnt in Berlin-Zehlendorf und ist nach Angaben von Kirsten Versicherungsangestellter. Er interessierte sich dafür, wie es in Schäfers Heimatort aussieht, (hat wahrscheinlich die DDR illegal verlassen).

25

Als Anfang November 1961 der Genosse Thomas Nicolaou als Parteiorganisator der betreffenden Seminargruppe die Auseinandersetzungen über das Verhalten der Studenten in Berlin forcieren wollte, erhielt er einen anonymen Drohbrief, in dem er zum Schweigen aufgefordert wurde. Er wurde unter Druck gesetzt, da er selbst einmal 1959 in Westberlin gewesen ist. Dieser Brief wurde gemeinsam von Kuo und Kirsten in der Wohnung des Kuo geschrieben.

036

BERLIN W8

FRIEDRICHSTRASSE 101

HAUS DER PRESSE

FERNRUF 200106

Verband der Deutschen Journalisten

DEUTSCHE DEMOKRATISCHE REPUBLIK

BERLIN, DEN 3.5.61

An die
Fakultät für Journalistik
z.Hd.d.Parteisekretärs

Streng vertraulich!

Leipzig

Werter Genosse Vorwerk!

Der indonesische Student Kwaye wurde während der LFM (Leipziger Frühjahrsmesse) 1961 vom Ministerium für Auswärtige Angelegenheiten, Abt. Presse, als Dolmetscher für drei indonesische Journalisten eingesetzt und begleitete die Gäste auch während einer Informationsreise durch die Republik. Dabei wurde festgestellt, daß er oft sehr arrogant gegenüber dem Bedienungspersoal in Hotels als auch gegenüber den indonesischen Kollegen selbst auftrat. Bei einer Unterhaltung mit Vertretern des MfAA (Ministerium für Auswärtige Angelegenheiten) wurden auch die **Vermutungen** der deutschen Betreuer der Journalistengruppe bestätigt, daß K. einige Fragen nicht sachlich übersetzte, sondern dabei seine eigene, **oft sehr ironische Meinung zum Ausdruck brachte.** Dies wurde uns deshalb bekannt, weil der Genosse des MfAA indonesisch spricht, seine Sprachkenntnisse aber absichtlich nicht anwandte.

Da wir wissen, daß K. seit ca. vier Jahren an der Fakultät für Journalistik studiert, halten wir es für angebracht, unsere **Beobachtungen** Euch mitzuteilen und bitten, die Angelegenheit **vertraulich** zu behandeln.

Mit sozialistischem Gruß
Verband der Deutschen Journalisten
Strohbusch
Sekretär (SED)

27

Auch dieser Spitzelbrief des DDR-Journalistenverbandes an die SED-Parteileitung der Fakultät für Journalistik verdeutlicht das damalige Klima des Petzens in der DDR. Abgesehen davon, daß mein Name wie fast immer falsch geschrieben wurde: meine „Arroganz" gegenüber dem „Bedienungspersonal" rührte sicherlich daher, daß ich die Selbstherrlichkeit der HO-Kellner nicht einfach hinnahm. Gegenüber der Delegation war ich jedoch keineswegs arrogant, auch nach der Reise blieb ich in herzlichem Kontakt mit den Journalisten aus Jakarta, die durch mich sehr genau über die Lage in der DDR orientiert wurden, und nicht nur durch die Propagandisten des DDR-Außenministeriums, die sogar ihre Sprachkenntnisse (wozu haben sie diese erworben?) verbargen, nur um uns auszuhorchen und zu bespitzeln!

Im Sozialismus waren „Kritik und Selbstkritik" zumindest in der Theorie ein wichtiges Prinzip der Entwicklung des Menschen zur Erlangung des herrlichen kommunistischen Bewußtseins. Aber sowohl in diesem Brief als auch in allen Stasi-Berichten werden Äußerungen von mir zwar gesammelt und negativ beurteilt, alles war jedoch „streng vertraulich, streng geheim!" usw. Wie sollte ich da meine angeblich „falschen Auffassungen" korrigieren können, wenn niemand bereit war, mit mir darüber zu diskutieren? Es ging also gar nicht um wirkliche Freundschaft oder um die Entwicklung einer „sozialistischen Persönlichkeit", es ging um das krankhafte und wollüstige Sammeln von negativen Punkten, um dann die Betreffenden zu „vernichten, zu liquidieren!". Ein herrlicher Sozialismus in den Farben der DDR.

Und diesen Staat sollte ich ernst nehmen?

Aber dieser Staat wurde leider nicht nur ernst genommen, sondern auch bis zum Erbrechen hofiert – von Spitzenpolitikern aller Parteien der Bundesrepublik mit rühmlicher Ausnahme der meisten Grünen, von der großen Mehrheit unserer Medien, der Wirtschaft und somit auch der „öffentlichen Meinung". Bis zur Wende galten Leute wie ich deshalb bei dieser Mehrheit als „unverbesserliche

Kalte Krieger", manche meinten, ich hätte eine „Knast-Macke" (stimmt zum Teil), und die Desinformationsabteilung der Stasi wollte mich sogar in die Neonazi-Ecke stellen.

Auch heute noch (1993) werden einige Autoren meines Buchverlages von Journalisten, vor allem in Ostdeutschland, gefragt, wieso sie in einem „Neonazi-Verlag" schrieben. Erst wenn gefragt wird, welches unserer inzwischen 80 Bücher denn „neonazistisch" wäre, beginnen die Leute herumzustottern, etwa: „Naja, das ist doch allgemein bekannt, daß der Tykve-Verlag ...". Dabei bin ich weder DVU- noch NPD-Mitglied, sondern FDP-Mann, ob diese Partei „neonazistisch" ist?

**Regierung der
Deutschen Demokratischen Republik**

Ministerium für Staatssicherheit

Geheim

Verwaltung: .... L e i p z i g

Abteilung: VIII

Referat: I

Sachbearbeiter: ....

Telefon: ....

Leipzig, den 3. Juli 1962

SfS/Le - ....-

Bez. am: 6. 7. 62
T .. Nr. 2362/62
.... Nr. .... Ref. 6

An die Abteilung ....

V / .... fu Leopold

Verwaltung L e i p z i g

des Ministeriums für Staatssicherheit

Beobachtungsbericht

Für den 29.6. und 30.6.62 .... 195.... von .... bis .... Uhr

Objekt: " I n d o "

29. 6. 62 von 5.00 Uhr bis 21.00 Uhr

Um 5.00 Uhr Beginn der Beobachtung am Wohngrundstück.
Um 9.00 Uhr verließ „Indo" in Begleitung einer männlichen Person mit dunkler Hautfarbe das Haus. Beide bestiegen einen vor dem Grundstück parkenden
Pkw Typ „Taunus" (älteres Modell) Polz.Kennz.:
26 Z 1532 (ovales Schild)
Mit diesem Wagen fuhren sie zum Rat des Bezirkes (9.15 Uhr). Um 9.45 Uhr kamen beide hier wieder heraus und bestiegen ihren in der Eichendorffstrasse abgestellten Wagen. Sie fuhren nun zur Zahnklinik der Karl-Marx-Universität, wo „Indo" den Wagen verließ und zu seinem Wohngrundstück lief, welches er um 9.55 Uhr betrat. Nach etwa 5 Minuten kam er wieder heraus, bestieg sein vor dem Hause abgestelltes MOPED und fuhr mit diesem zur gegenüberliegenden Zahnklinik, welche er kurz darauf betrat.

30

*Um 10.15 Uhr verließ er die Zahnklinik wieder und fuhr mit dem MOPED zum Peterssteinweg, wo er die dort befindliche Apotheke betrat. Nach 10 Minuten kam er hier wieder heraus, fuhr mit dem MOPED zum HO-Fleischwarengeschäft in der Windmühlenstrasse, kaufte **hier Wurst und ein Stück gebratene Ente** und fuhr anschließend wieder zur Zahnklinik, welche er für etwa 15 Minuten betrat. Danach fuhr er zu einem Wohngrundstück, stellte sein MOPED vor dem Hause ab und betrat dieses um 11.15 Uhr.*

Um 12.45 Uhr kam er wieder aus dem Hause heraus, fuhr mit seinem MOPED zur Blumenstrasse, wo er um 13.05 Uhr das Ostasiatische Institut betrat.

Um 14.30 Uhr verließ „Indo" das Institut wieder und fuhr mit dem MOPED in die Lumumbastrasse, wo er das Herder-Institut um 14.40 Uhr betrat.

Um 15.55 Uhr verließ „Indo" in Begleitung der dunkelhäutigen männlichen Person vom Vormittag das Institut und beide bestiegen den davor parkenden Pkw „Taunus". Sie fuhren bis zur Hauptpost am Karl-Marx-Platz, betraten diese und die männliche Person hob von einem Postsparbuch Geld ab.

Um 16.10 Uhr verließen beide das Postamt wieder, bestiegen den Pkw, mit dem sie zur Tankstelle am Johannisplatz fuhren und dort auftankten. Dann fuhren sie zurück zum Herder-Institut, welches sie für kurze Zeit betraten.

Um 16.40 Uhr verließ „Indo" das Institut wieder und fuhr mit seinem MOPED zum „Haus der Freundschaft" in der Lumumbastrasse, welches er betrat. Um 16.55 Uhr verließ er dieses wieder und fuhr mit dem MOPED zu seinem Wohngrundstück, welches er um 17.05 Uhr betrat.

***Um 18.15 Uhr verließ „Indo" das Internat wieder und steckte einen Brief in den vor dem Internat befindlichen Briefkasten.** Danach fuhr er mit dem MOPED in die Bochumer-Strasse. Hier betrat er um 18.30 Uhr das Grundstück*

Bochumer-Strasse 22.

Bis 21.00 Uhr verließ er dieses Grundstück nicht wieder und die Beobachtung wurde zu diesem Zeitpunkt unterbrochen.

30. 6. 62 von 5.00 Uhr bis 13.10 Uhr

Um 5.00 Uhr wurde die Beobachtung am Wohngrundstück wieder aufgenommen. Um 9.40 Uhr verließ „Indo" das Internat und fuhr mit seinem MOPED in die Karl-Rothe-Strasse. Hier betrat er um 9.50 Uhr das Grundstück
Karl-Rothe-Strasse 9
und klingelte 2 Treppen rechts. Da niemand öffnete, verließ er um 9.53 Uhr das Grundstück wieder und betrat das Herder-Institut in der Lumumbastrasse, welches er jedoch nach kurzer Zeit wieder verließ und zum „Haus der Freundschaft" in der Lumumbastrasse fuhr. Um 10.00 Uhr betrat er wieder das Herder-Institut, kam gleich darauf wieder heraus, fuhr mit seinem MOPED in die Springer-strasse und betrat das Gebäude von Radio-DDR/Sender Leipzig. Nach 10 Minuten verließ er dieses wieder, fuhr zu seinem Wohngrundstück, welches er um 10.30 Uhr betrat und um 10.50 Uhr wieder verließ. **Er steckte einen Brief in den vor dem Internat befindlichen Briefkasten und lief anschließend zur Zahnklinik.**

Um 11.15 Uhr verließ er diese wieder und fuhr mit seinem MOPED zum Grundstück
Waldstrasse 36.
Dieses Grundstück verließ „Indo" bis 13.10 Uhr nicht wieder. Zu diesem Zeitpunkt wurde die Beobachtung beendet.

Bericht

Betr.: K.

Am Donnerstag, den 29.11.1962 suchte ich K. in seinem Zimmer im Ausländerinternat auf. Er war scheinbar nicht sonderlich überrascht, daß ich nach so langer Zeit plötzlich wieder auftauchte.

Ich erzählte ihm, daß ich inzwischen geheiratet habe und daß L. tot sei. Sicherlich hatte er davon schon erfahren. Er fragte nach Einzelheiten.

Etwas angetrunken, unrasiert und durcheinander berichtete ich von meinen Sorgen und Bedenken in Sachen L.

Ich zeigte ihm meinen Teilzahlungskreditvertrag und einige Lohnbescheinigungen aus meiner Brieftasche und ließ diese dann unbemerkt unter dem Tisch liegen, an dem wir saßen.

*Wir unterhielten uns dann über seine China-Reise und über Verlagsprobleme in der DDR. Er empfahl mir, doch für den Militärverlag zu schreiben. 20 Seiten eines 25-Pfennig-Heftes über Agentenjagden könnten mir bis 6000,– DM einbringen. Ich müßte allerdings Beziehungen haben, da kenne er sich aus. Er gab mir ein Heft zu lesen mit. Überhaupt bemerkte ich bei ihm eine **auffallende Menge Kriminalistischer- und Militärliteratur.** So liegen bei ihm **nahezu ein Jahrgang der „Armee-Rundschau",** Stöße von **Abenteuerliteratur.** Weiter wies er mich auf das Buch „Der scharlachrote Domino" hin, **aus dem ich erfahren könne, wie die Staatssicherheit arbeitet.***

Ansonsten hatte ich den Eindruck, daß er noch immer kein Vertrauen zu mir habe. Er war verschlossen und immer zurückhaltend bei politischen Urteilen.

Über den VI. Parteitag deutete er nur an, daß sich da einiges verändern werde, ähnlich wie in Bulgarien und Rumänien.

Als ich auf die Spötter „Leipziger Studentenkabarett" zu sprechen kam, deutete ich an, daß ich froh sei, daß damals bei mir nur diese Sache aufgedeckt worden sei.

33

In meiner Angelegenheit solle ich höher gehen, am besten nach Berlin. Nur so käme ich weiter. Mir fiel auf, daß das die gleichen Argumente waren, die ich auch von ... hörte, von dem K. übrigens schon wußte, daß er in Berlin war und seine Sache sich verbessere.

*Für Hirsch, den ich erwähnte, interessierte er sich ebenso. Ich erzählte ihm, daß er jetzt in der Mignon-Bar jeden Abend spielt. Er schrieb sich sofort seine Adresse auf, obwohl ich sie nicht genau wußte, **in ein großes, rotes Buch, das bereits voller Adressen** war.*

Ich verabschiedete mich dann von ihm und suchte ihn am anderen Abend wieder auf. Ich war noch nicht ganz zur Tür rein, da zog er schon seinen Schreibtischkasten auf und gab mir die Brieftasche. Er habe sie heute Nachmittag im Kasten gefunden. Sicher habe eine Reinemachefrau die Brieftasche gefunden und in die Schublade gesteckt. Ich bedankte mich, war sehr verwirrt und entschuldigte mich für das Zeug, daß ich gestern zusammengeredet habe. Wir hörten dann noch Schallplatten und ich hatte den Eindruck, daß er etwas vertrauter war als tags zuvor.

Dann verabschiedete ich mich und versprach bald mal wieder vorbeizukommen.

gez.„Siegmar"

Epochale Erkenntnisse sammelte die Stasi, als sie mich minutiös in Ost-Berlin beobachtete: ich war dort, um einige Transitvisa zu besorgen für meine Reise nach Rumänien, wo ich Indonesiens Botschafter Sukrisno, einen guten Freund meiner Eltern, besuchte.

Am 6. 3. 1962, 10.00 Uhr bis 19.15 Uhr:

Um 10.00 Uhr wurde „Mongo" in der Glinkastr. aufgenommen. In seiner Begleitung befand sich eine männliche Person, bei der es sich ebenfalls um einen Ausländer handelt. Beide suchten in den Straßen umher, um die bekannte Adresse zu finden.

Um 10.15 Uhr betraten beide das Staatssekretariat für das Hoch- und Fachschulwesen in der Neuen Wilhelmstr. 9–11 und verließen dieses wieder um 11.10 Uhr.

„Mongo" und Begleiter fuhren von dort bis U-Bahnhof Pankow. Dort verließen sie den Bahnhof und stiegen zur Straßenbahn der Linie 22 in Richtung Rosental über.

An der Haltestelle Parkstr. verließen sie die Straßenbahn und betraten das Rumänische Konsulat in der Parkstr. 23.

Um 12.45 Uhr verließen sie das Konsulat und fuhren mit der Straßenbahn der Linie 46 in Richtung Niederschönhau-

35

sen. Als sie bemerkten, daß sie in verkehrter Richtung fuhren, stiegen sie aus und benutzten die Linie 46 in entgegengesetzter Richtung (Kupfergraben).

An der Haltestelle Weidendammer Brücke verließen sie die Bahn und betraten um 13.10 Uhr das HO Hotel Sofia, Friedrichstr. 134, wo sie im Restaurant Platz nahmen und speisten.

Um 14.00 Uhr verließen beide das Hotel und gingen zum Kontroll-Übergang für Ausländer an der Staatsgrenze Friedrichstr./Ecke Mauerstr. Sie betraten dort den Kontrollraum innerhalb des Grenzgebietes und verließen diesen nach ca. 20 Minuten.

Sie gingen nun zum U-Bahnhof Thälmann-Platz und fuhren mit der U-Bahn über Alexanderplatz bis Bahnhof Marchlewskistr. Dort verließen beide um 15.10 Uhr den Bahnhof, besahen sich die Auslagen eines Schuhgeschäftes in der Frankfurter-Allee direkt am U-Bahneingang und beratschlagten, wohin sie gehen sollen. Beide gingen zurück in den U-Bahnhof Marchlewskistr. und fuhren um 15.20 Uhr zum Alexanderplatz. Dort stiegen sie zur S-Bahn über und fuhren mit dieser bis Bahnhof Friedrichstr. Hier begaben sich beide zur Ausgabe der Gepäckaufbewahrung, wo „Mongo" sich eine braune Aktentasche abholte.

Anschließend betraten beide den Zimmernachweis in der Bahnhofshalle, wo „Mongo" sich ein Zimmer zuweisen ließ, während sein Begleiter unbeteiligt am Wartetisch Platz nahm.

Beide gingen nun suchend und fragend zur Albrechtstr. 17, wo sie das Hotel „Albrechtshof" um 16.00 Uhr betraten.

Um 16.15 Uhr verließen sie wieder das Hotel und gingen zur Weidendammer Brücke. Dort hielten sie eine Taxe an und stiegen ein. Ca. 2–3 Minuten verhandelten sie mit dem Taxifahrer und stiegen dann wieder aus, ohne gefahren zu sein. Sie gingen nun den Kupfergrafen entlang, kehrten um und gingen zurück zur Friedrichstr., wo sie um 16.50 Uhr das Restaurant im Hotel Sofia aufsuchten. Sie tranken dort Kaffee und unterhielten sich.

„Um 19.10 Uhr verließen beide das Restaurant und begaben sich zum Friedrichstandpalast, den sie um 19.15 Uhr betraten. Sie hatten bereits eine Eintrittskarte. Die Vorstellung war ausverkauft, so daß auf Grund dessen eine weitere Beobachtung nicht möglich war. **Da der Palast 3000 Menschen faßt und mehrere Ausgänge hat, wurde die Beobachtung unterbrochen.**

Am 7. 3. 1962, 7.00 Uhr bis 21.00 Uhr:

Um 7.00 Uhr wurde die Beobachtung am Hotel Albrechtshof, Albrechtstr. 17, wieder aufgenommen.

Um 8.20 Uhr verließ „Mongo" das Hotel und ging zum Bahnhof Friedrichstraße.

Von dort fuhr er mit der S-Bahn in Richtung Grünau. Auf dem Bahnhof Treptower Park verließ er den Zug und ging suchend durch die Puschkinallee. Er interessierte sich dort für die Botschaften, deren Schilder er las, aber offensichtlich nicht die Richtige fand.

Nach Erfragen ging er dann zum Botschaftsgebäude (Visaabteilung) Am Treptower Park 48, das er aber nur für Augenblicke betrat. Wahrscheinlich wurde er vom Pförtner wieder fortgeschickt.

„Mongo" bestieg nun die Straßenbahn der Linie 87 in Richtung Wiener Brücke und verließ diese am Bahnhof Treptower Park. Dort ging er zum S-Bahnhof und fuhr um 9.40 Uhr zum S-Bahnhof Alexanderplatz. Hier stieg er zur U-Bahn über und fuhr mit dieser bis Bahnhof Senefelder Platz. Er verließ dort den Bahnhof und begab sich zum Konsulat der CSSR, Schönhauser Allee 175, das er um 10.15 Uhr betrat.

Um 10.30 Uhr verließ er das Konsulat, ging zurück zum U-Bahnhof Senefelder Platz und fuhr mit der U-Bahn zum Alexanderplatz. Hier machte er einen Rundgang durch die Buchhandlung, das Kaufhaus und das Automatenrestaurant.

Um 10.50 Uhr betrat er das Reisebüro in der Dircksenstr. und stellte sich am Schalter für Auslandsfahrten an. Er legte dort Dokumente vor und erreichte aber nichts, da er keine Ausreisegenehmigung aus der DDR vorweisen konnte. Es wurde ihm gesagt, daß er diese in Leipzig bekommt und auch die Fahrkarte.

Darauf verließ „Mongo" mit den Worten: „Na gut" um 11.05 Uhr das Reisebüro. **Er suchte nun das Lokal für Selbstbedienung Berolina-Express am Alexanderplatz auf, wo er speiste und Grog trank.**

Dann ging er suchend zur Liebknechtstr. 52, wo er das Hotel Stadt Prag betrat und nach wenigen Minuten wieder verließ. Er ging nun zurück zum Alexanderplatz und suchte dort den Zimmernachweis im Berolina-Haus auf. Nach Verlassen des Berolina-Hauses entfaltete er einen Stadtplan und suchte darauf eine Straße. Danach ging er zur Alten Schützenstr. 7, wo er das Hotel Alexander um 12.20 Uhr betrat.

Um 12.50 Uhr verließ er das Hotel und begab sich ins HO Warenhaus Alexanderplatz. **Er kaufte dort eine Automatic-Herrenarmbanduhr für 184,– DM und einen Karton Konfekt für 37,– DM.** Anschließend verließ er das Warenhaus und ging zurück zum Hotel Alexander, das er um 13.50 Uhr betrat.

Um 18.00 Uhr verließ er wieder das Hotel, überquerte den Alexanderplatz und betrat das HO Lokal „Berolina Express". **Dort aß er und trank Grog. Dabei studierte er gelangweilt die anderen Gäste.**

Um 19.00 Uhr verließ er die Gaststätte und ging zurück zum Hotel „Alexander", das er um 19.40 Uhr betrat und bis um 21.00 Uhr nicht mehr verließ.

Die Beobachtung wurde unterbrochen.

Am 8. 3. 1962, 7.00 Uhr bis 11.00 Uhr:

Um 7.00 Uhr wurde die Beobachtung am Hotel „Alexander" wieder aufgenommen.

Um 7.50 Uhr verließ „Mongo" das Hotel, überquerte den Alexanderplatz und betrat den S-Bahnhof Alexanderplatz. Von dort fuhr er mit der S-Bahn bis Ostbahnhof, verließ Zug und Bahnsteig und betrat um 8.15 Uhr die dortige Mitropa-

Gaststätte. **Nach einem Imbiß verließ er um 8.45 Uhr die Gaststätte, suchte die Toilette auf und bestieg dann eine Taxe unmittelbar vor dem Ostbahnhof.** *Mit dieser fuhr er zur Konsular-Abt. der Ungarischen Botschaft Am Treptower Park 48, die er um 9.00 Uhr betrat und um 9.15 Uhr wieder verließ.*

„Mongo" begab sich zur Straßenbahnhaltestelle und fuhr mit der Linie 87 in Richtung Wiener Brücke bis Bahnhof Treptower-Park. Dort stieg er zur S-Bahn über und fuhr mit dem Zug in Richtung Friedrichstr. bis Ostbahnhof. **Um 9.40 Uhr verließ er den Zug, suchte die Toilette auf und begab sich dann in die Mitropagastätte.**

Um 10.10 Uhr verließ er diese und ging zum Fernbahnsteig B, wo er den Zug nach Leipzig erwartete. Dieser wurde mit 30 Minuten Verspätung bereitgestellt, so daß „Mongo" ihn erst um 10.50 Uhr besteigen konnte.

Bei der Abfahrt des Zuges gegen 11.00 Uhr wurde die Beobachtung beendet."

Der besonders denunziantenfreudige Direktor des Ostasiatischen Instituts der Karl-Marx Universität in Leipzig – wo ich als Dozent Sprachunterricht erteilte – erklärte nach einem Stasi-Bericht vom 16. Mai 1962 u.a.:

„Vertraulich teilte Professor **Schubert** *mit, daß sich seit einigen Tagen Dr. Radmann und Dr. Georgi vom Prorektorat der Karl-Marx Universität für den K. interessieren. Angeblich hat er in Fachzeitschriften der Westzone Artikel veröffentlicht, die nicht im Sinne der Politik unserer Regierung ist. In Zeitschriften der DDR schreibt er über die gleichen Themen aber ganz anders, zumindest, was die politische Linie betrifft.*

Außerdem wäre in seinen Akten einiges unklar und man vermutet **Spionage und Agententätigkeit, da er in Indonesien noch unter holländischer Herrschaft im kolonialen Sinne erzogen wurde, bekräftigt sich dieser Verdacht.** *K. muß im Besitz eines Reisepasses sein, sonst wäre die Reise nach Rumänien,* **wenn er überhaupt dort war,** *nicht so schnell gegangen. Zumindest hätte das Prorektorat etwas erfahren müssen.*

Die Sekretärin des Prof. Schubert ... ist im Besitz eines Absenders eines Briefes, den der K. aus Rumänien geschrieben haben soll, leider ist der ganze Brief nicht mehr vorhanden, auch der Umschlag nicht. Sie hat auch nicht darauf geachtet, ob tatsächlich die Marke und der Stempel aus Rumänien waren. Der Absender lautete: K., zur Zeit **Bucuresti, Strada Paris 37, bei Seiner Exellenz Sukrisno".**

Röder/Unterleutnant

Anmerkung des Autors: Ich habe nie in westlichen Zeitschriften etwas geschrieben, solange ich in der DDR lebte, dies war weder möglich, noch beabsichtigt! Auch habe ich damals nie für den SPIEGEL oder DIE WELT gearbeitet oder geschrieben. Natürlich bin ich mit einem Paß nach Rumänien gereist, dazu noch mit einem Ausreisevisum der Volkspolizei Leipzig, sonst hätte ich, auch als Ausländer, die DDR gar nicht verlassen können. In Rumänien besuchte ich Botschafter Sukrisno. Heute lebt er als politischer Flüchtling in Amsterdam, zuvor war er in China.

Dieser Bericht zeugt von der Dummheit und Absurdität der Verdächtigungen, die ständig gegen mich vorgebracht wurden, ohne jeden substantiellen Wert! „Spionageverdacht bekräftigt", weil ich „im kolonialen Sinne" erzogen wurde! Die Stasi vergaß, daß ich politisch vor allem zu Hause erzogen wurde, im nationalen chinesischen Sinne, später sogar im pro-maoistischen Sinne. Die holländische Bildung war für uns in erster Linie beruflich wichtig, sie war auch keineswegs so „kolonial", wie die Primitiv-Kommunisten der SED und der Stasi sich dies vorstellten.

Bericht

Betr.: *Treff mit dem mongolischen Studenten Djemba am 18.5.62 von 14–15.00 Uhr in der KW (Konspirative Wohnung) „Handel"*

Der IM erschien pünktlich und wurde am Rathaus in den PKW aufgenommen und zur KW gebracht, wo er mündlich folgende Angaben machte:

Der K. besitzt seit einigen Tagen ein Moped, mit dem er alle seine Wege fährt – auch für den Weg zur Arbeitsstelle und zurück.

Woher der K. das Geld für das Moped hat, konnte der IM nicht in Erfahrung bringen.

Neulich ließ K. einen deutschen Studenten auf dem Moped fahren. Vermutlich war es von ihm ein guter Bekannter.

Der indonesische Student Calehr ist sehr oft mit K. zusammen, wohnt im 2. Stock des Internats in der Nürnbergerstr. Er erhält sehr oft von weiblichen Personen Besuch, die er auch mit auf sein Zimmer nimmt.

Wie dem IM bekannt wurde durch ..., war K. von 12. – 15. 5. 62 in Westberlin. Er hat dort angeblich einen Freund. Wie K. durchblicken lies, will er auch während dieser Zeit einen Abstecher nach Dortmund gemacht haben.

In München am ostasiatischen Institut hat K. vermutlich Bekannte. Welche konnte der IM noch nicht näher erfahren.

Bericht

K. wohnt im Internat Nürnberger Straße, Zimmer 413.

*In der letzten Zeit habe ich zu ihm einen guten Kontakt bekommen. Er ist im allgemeinen ziemlich unnahbar und im Internat ein Einzelgänger. Ich selbst bin mit ihm vor einiger Zeit im Hotel „Hochstein" zusammengetroffen, wo ich mit Gen. Fischer vom Prorektorat und einigen anderen ausländischen Studenten saß. Neben mir war ein Platz frei und ich bat ihn an unseren Tisch. **Wir unterhielten uns über allgemeine Dinge, z.B. über Haarausfall, wobei er mir empfahl, mit dem indonesischen Studenten Calehr in Verbindung zu treten, dessen Vater in seiner Heimat ein unfehlbares Haarwuchsmittel erfunden haben sollte.** (Was ich auch in der Zwischenzeit getan habe.)*

Ein anderes Mal traf ich ihn am Tanzabend des Heimkomitees. Er saß, nachdem ich ihn darum gebeten hatte, ca. 2 Stunden an unserem Tisch bei Kollg. Fichtner. Im Gespräch sagte er auf meine Frage, warum denn die anderen chinesischen Freunde nicht am Tanzabend teilnehmen würden, im spöttischen Ton: „Die haben Befehl zum studieren, sie würden auch ganz gern mitmachen, aber sie trauen sich nicht." Im weiteren Gespräch versuchte er sich über meine Familienverhältnisse zu informieren. Er frug mich nach meinem Einkommen, welches er als zu niedrig bezeichnete, nach meinem beruflichen Werdegang, warum ich nicht in der Partei wäre, wieviel Kinder ich hätte und ob ich Verwandte in Westdeutschland hätte.

***Er sprach dabei sehr stark dem Alkohol zu, wobei er aber zum größten Teil das Bier von uns trank.** Den zweiten Teil des Abends widmete er auffällig den afrikanischen*

Studenten, zu denen er sich dann auch setzte und mit ihnen trank.

Seit dieser Zeit kommt er mir immer sehr freundlich entgegen.

BV Leipzig   *Leipzig, 22. 12. 62*
V/6

An die Abteilung VII im Hause
Betr. K.
geb. 12. 5. 1938 in Djakarta
wh. Leipzig C1 Nürnbergerstr. 48

*Wir bitten sie, zu verhindern, da der Betreffende ein Visum nach Finnland erhält, daß wir **aus operativen Gründen** nicht daran interessiert sind, daß er die Möglichkeit erhält, an den Weltfestspielen teilzunehmen. K. hat die Absicht, privat nach dort zu fahren.*

Chinesen, Indonesier und andere Ausländer

Die Stasi führte mich meistens unter der Bezeichnung „Vorgang Staatenloser". War ich denn staatenlos? Keineswegs. Richtig war, daß ich eine kurze Zeit „paßlos" oder „papierlos" war. Dies hing eng mit meiner Biographie und meinem kritischen, um nicht zu sagen querulativem Charakter zusammen. Als ich in die DDR einreiste, hatte ich zwei Staatsangehörigkeiten: die chinesische durch meine chinesischen Eltern und die indonesische durch Geburt in jenem Lande in der Südsee. Als „Reserve", wenn man so will, hatte ich noch einen Rechtsanspruch auf die niederländische Staatsangehörigkeit (unter bestimmten Voraussetzungen), da ich ja 1938 auf damals holländischem Territorium (Niederländisch-Indien) geboren wurde. Ich war also genau das Gegenteil von einem Staatenlosen, aber auch kein Jongleur mit Pässen und Nationalitäten, sondern eben durch meine Biographie im Besitze fast dreier Nationalitäten ... So etwas Kompliziertes paßte natürlich in keine simple und beschränkte Stasi-Schublade.

Als ich in die DDR einreiste, zeigte ich meinen indonesischen Paß, wurde in der Statistik als Bürger Indonesiens geführt. Damals studierten in der DDR einige Dutzend Mitglieder der Kommunistischen Partei Indonesiens (PKI), die ein streng stalinistisches, puritanisches Leben führten, so wie auch ihre maoistischen Vorbilder, die Studenten aus der Volksrepublik China, meine anderen Landsleute. Diese Kommunisten lebten wie Mönche, tranken und liebten nicht, rauchten kaum, hatten keinerlei Laster – wie öde und langweilig! – liebten nur ihre dogmatischen Parteiversammlungen, sahen finster in die Gegend und mißtrauten jedem, der nicht zu ihrer elitären „Vorhut der Arbeiterklasse" zählte. In jener Zeit regierte in Jakarta der frivol-exzentrische Staatspräsident Sukarno, der international durch zahlreiche amouröse Abenteuer auffiel:

alle Staaten, die bei Sukarno etwas erreichen wollten, schickten bildhübsche „Damen im besonderen Einsatz", so wie die Stasi bei mir auch. Sukarno wurde im Laufe seiner bemerkenswerten politischen Karriere immer pro-kommunistischer, flirtete vor allem heftig mit Peking, Nordkorea und dem genauso exzentrischen kambodschanischen Prinzen Norodom Sihanouk. Es gab eine Achse „Jakarta-Peking-Pjöngjang-Pnom Penh".

Meine Familie war an sich mit Sukarno recht gut bekannt. Als junger Nationalistenführer besuchte Sukarno häufig die Zeitung meines Vaters, die „Sin Po". Dieses Blatt war es auch, das 1928 als erste Zeitung die spätere indonesische Nationalhymne „Indonesia Raya" (Groß Indonesien) zum großen Mißfallen der holländischen Kolonialadministration veröffentlichte. Obwohl prochinesisch orientiert, sympathisierte mein Vater natürlich auch mit indonesischen Nationalisten. Gleichzeitig gab und gibt es in Indonesien nicht wenige fanatische Moslems, was nicht ausschloß, daß einige von ihnen auch „Kommunisten" waren oder sich zumindest als solche ausgaben. Ich hatte das Pech, zunächst an einen solchen Typen zu geraten. Er hieß Mohamad Godjali Harun und war vom Stamm der Sundanesen in West-Java. Er studierte Jura in Leipzig und dies war, ähnlich wie Journalistik, ein Fach für 150prozentige Kommunisten. Die künftigen Staatsanwälte und Richter der DDR wurden sorgfältig vor allem nach ihrem „Klassenstandpunkt" ausgewählt.

Nun beklagte sich aber besagter „fortschrittlicher" Student darüber, daß er als „frommer Moslem" kein Schweinefleisch essen dürfe und in der Mensa gebe es nur Schweinefleisch. Ich erlaubte mir die aus meiner Sicht harmlose Bemerkung, daß er leider im nichtmoslemischen Ausland lebe und sicherlich würde der Prophet Mohamad eine solche Notsituation anerkennen und er könne ruhig Schweinefleisch essen, im übrigen schmecke dies gut, so mein etwas leichtsinniger Kommentar – wenn man die Folgen dieser Bemerkung jetzt verfolgt … Besagter fanatischer Moslem, gleichzeitig „kommunistischer" Jurastudent, berief eine Versammlung der in der DDR lebenden indonesischen Studenten ein. Darin wurde ich zunächst wegen „Beleidigung des Islam" kritisiert. Da jedoch die DDR bekanntlich ein atheistischer Staat war, erkannten die Studenten aus dem Inselreich bald, daß sie mit diesem Argument zumindest bei den DDR-Behörden nicht allzuviel erreichen könnten; ihr Ziel war es nämlich, meine Rückkehr nach Indonesien zu erreichen ... Und ohne Hilfe der Behörden der DDR konnte man dies wohl schlecht verwirklichen.

Dies war etwa im Jahre 1959. Dazu muß gesagt werden, daß zu dieser Zeit ungeachtet der guten Beziehungen Indonesiens zu China auf dem Inselreich selber wieder einmal Chinesenverfolgungen stattfanden, so wie Judenpogrome in Osteuropa sich des öfteren wiederholten. Die Tatsache, daß ein „Cina", ein Chinese, es gewagt hatte, gegenüber einem „reinrassigen indonesischen Moslem" solche gotteslästerliche Äußerungen zu machen, genügte, um die latente antichinesische Stimmung unter den „Landsleuten" aus Indonesien sogar in Leipzig und Dresden anzufachen. Ayatollah läßt grüßen!

Die fanatischen Moslems erhielten auch massive Unterstützung durch die indonesischen Kommunisten (Stalinisten und Maoisten!). Für sie war ich von Anfang an suspekt: ich war ja ein Sohn eines Großkapitalisten, also eines „Ausbeuters". Ich war weder Mitglied der Kommunistischen Partei, noch bereit, einer zu werden. Im Gegenteil, auch ihnen gegenüber machte ich kritische Bemerkungen sowohl über den eitlen kommunistischen Präsidenten Sukarno als auch über die offene massive Korruption dort.

So wurde dann auf einer nächsten Versammlung der indonesischen Studenten in Dresden einmütig beschlossen, meine Rückkehr nach Jakarta wegen „Diffamierung und Beleidigung des Staatspräsidenten Sukarno, der Regierung und des Islam" bei der zuständigen Botschaft Indonesiens, damals noch in Prag, zu fordern. Aufgrund der antichinesischen Stimmung in Indonesien stimmte die Botschaft in Prag zu und forderte mich zur Rückkehr auf. Dies jedoch wäre sehr gefährlich gewesen, da unter der Diktatur Sukarnos so etwas leicht mit langen Gefängnisstrafen geahndet würde.

Ich möchte in diesem Zusammenhang meinen langjährigen Freund Dr. Hallym Calehr aus Bandung nicht unerwähnt lassen. Dieser Indonesier pakistanischer Abstammung, obwohl gläubiger Moslem, war der einzige, der mich verteidigt hat. Da er auch ein indonesischer Staatsbürger fremder Herkunft war, wußte er nur zu genau, daß ich nur wegen meiner chinesischen Abstammung und nicht wegen meiner harmlosen Aussagen an den Pranger gestellt wurde.

In dieser bedrohlichen Situation beschloß ich, mit den antichinesischen Indonesiern endgültig zu brechen. Ich schickte meinen indonesischen Paß an die Botschaft in Prag zurück, mit der Bemerkung, ich hätte für die Staatsbürgerschaft der Volksrepublik China optiert.

Zwischen China und Indonesien war gerade ein Vertrag über die doppelte Staatsbürgerschaft ratifiziert worden: demnach mußten alle Personen chinesischer Abstammung entscheiden, ob sie die indonesische oder die chinesische Staatsangehörigkeit behalten möchten. Eine doppelte Staatsbürgerschaft war nicht mehr möglich. Völlig normal, im Rahmen dieses Abkommens, teilte ich auch der Botschaft der Volksrepublik China in Ost-Berlin diese meine Entscheidung wie auch den DDR-Behörden mit. Ich wies darauf hin, daß ich mich weigerte, nach Indonesien zurückzukehren und chinesischer Staatsbürger bin und bleiben möchte!

Dies hat bei Stasi, Ausländerpolizei und DDR-Regierung für ein großes Durcheinander gesorgt, wie ich meinen Stasi-Unterlagen entnehme. Bis die Botschaft Chinas in Ost-Berlin einen chinesischen Paß ausstellte, verging eine gewisse Zeit, denn die prochinesischen indonesischen Kommunisten versuchten auch dort, mich als „Reaktionär" hinzustellen. Aber in Pekking waren die massiven antichinesischen Aktivitäten in Indonesien natürlich nicht unbekannt, hinzu kam, daß mein Vater dort einen sehr guten Ruf als Verteidiger der chinesischen Positionen in Südostasien hatte. So erhielt ich ohne weiteres einen Reisepaß der Volksrepublik China, allerdings einen besonderen, nämlich für Auslandschinesen: Chinesen, deren ständiger Wohnsitz außerhalb der Volksrepublik lag.

Die indonesische Botschaft in Prag, die indonesischen Moslems und Kommunisten in der DDR schäumten vor Wut. Die DDR aber war nicht in der Lage, mich nach Jakarta auszuweisen, da ich inzwischen einen chinesischen Paß hatte, diese Staatsbürgerschaft hatte ich ja ohnehin seit meiner Geburt. Die Stasi in ihrer Maßlosigkeit wollte sogar verhindern, wie aus Telegrammen hervorgeht, die ich gefunden habe, daß ich einen chinesischen Paß bekomme und nach China ausreiste, da sie befürchtete, daß ich dort in einer „hohen Position" weiter gegen die DDR arbeiten könnte.

Das DDR-Außenministerium und das Staatssekretariat für Hochschulwesen betonten mehrfach, die vielen Behauptungen, ich sei „westlicher Agent" konnten weder Indonesier noch andere erhärten, im übrigen sei der Krach zwischen mir und den Indonesiern „nicht ganz eindeutig". Diese Stellungnahmen heben sich angenehm von den paranoiden Stasi-Einschätzungen ab, die ständig an der These festhielten, ich müsse ein „Spion" sein, da ich eine „feindliche Einstellung" zum sozialistischen Lager hätte…

Die in der DDR studierenden Ausländer konnte man in mehrere Kategorien einteilen:
- die Studenten aus sozialistischen Ländern kamen aufgrund von Regierungsabkommen, dazu zählten bis zu ihrer Rückberufung 1961–1962 auch Chinesen und Albaner.
- eine größere Gruppe kam aus der Dritten Welt: sie kamen meistens über die jeweiligen Kommunistischen Parteien oder deren Hilfsorganisationen (Gewerkschaften, Jugendverbände usw.).
- dann gab es auch einige wenige westliche Studenten, die zumeist ebenfalls von kommunistischen Parteien (Hollands, Schwedens usw.) in die DDR delegiert wurden.

Vor allem bei diesen Studenten, aber auch bei denen aus der Dritten Welt, brachen alsbald Frust und Enttäuschung über den „real existierenden Sozialismus" aus, die oft dazu führte, daß sie wieder fortgingen.

Da die meisten Ausländer irgendwie kommunistisch beeinflußt waren, herrschte auch bei ihnen häufig ein Klima des Mißtrauens und der Verdächtigungen vor, wie das Beispiel der Afrikaner zeigt, die mich als erste der „Spionage" verdächtigten und die Eröffnung der Stasi-Akte in Gang brachten.

Die wenigen kritischen und offenen ausländischen Studenten zählten bald zu meinem Freundeskreis, so daß die Stasi sofort die Bildung einer „Untergrundgruppe" vermutete. Auch alle Deutschen, mit denen ich befreundet war – allerdings waren viele heimlich IMs – fielen durch kritische Äußerungen und Gedanken im SED/Stasi-Staat höchst unangenehm auf. So war der Konflikt mit der Stasi geradezu vorprogrammiert.

– Hauptabteilung V/6/III –   *Berlin, den 19. 10. 1962*

Betr.: *K., z. Zt. Lektor an der Karl-Marx-Univ., Leipzig, Ostasiatisches Institut.*

Gen. Lange, Hauptreferent im Staatssekretariat für das Hoch- und Fachschulwesen, Berlin, Ausländerstudium, wurde am 18. Okt. 1962 über K. befragt und gab folgende Auskunft:

*Die Indonesische Regierung hat K. noch während seines Studiums – Journalistik – an der Karl-Marx-Univ. Leipzig abberufen. Dieser Abberufung folgte er nicht; dadurch ist jetzt sein indonesischer Paß verfallen. Die Indonesische Botschaft in Prag stellte das Ersuchen an das Staatssekretariat für das Hoch- und Fachschulwesen, K. aus er DDR auszuweisen. **Dieses Ersuchen wurde vom SHF mit der Begründung abgelehnt, daß das SHF keinen polizeilichen Dienst für Indonesien durchführt.** Darüber war man in der Indones. Botschaft in Prag sehr verärgert.*

49

Zur politischen Haltung ist zu sagen, daß K. offiziell an der Fakultät für Journalistik, Leipzig, immer positiv auftrat.

Bei den indonesischen Studenten, die Mitglied der KP sind, ist die Meinung vorhanden, daß K. amerikanischer Agent sei. K. studierte an der Univ. in Djakarta, an der die USA eine lange Zeit starken Einfluß ausübte. K. soll auch Verbindung zu amerikanischen Professoren haben.

Die Aussprache, die das SHF mit den indonesischen Studenten an der Karl-Marx-Univ. führte, brachte keine Beweise über das Verhalten K's.

Vom „Homo" zum „Casanova"

Nachdem die Stasi beschlossen hatte, mich bespitzeln zu lassen, mußten die IM's beiderlei Geschlechts, später vor allem Mädchen und Frauen, möglichst viel Negatives über mich zusammentragen. Nicht nur meine politischen Ansichten sollten herausgekundschaftet werden, sondern auch meine „Laster" aller Art. Was lag näher, als mein Sexualleben in allen Details auszuforschen?

In der prüden sozialistischen Gesellschaft war damals Homosexualität noch strafbar (175 StGB). Also wurde erst einmal versucht, hier anzusetzen. Einige IM's äußerten in ihren Berichten alsbald die „Vermutung", ich sei ein „Homosexueller". Sogar zwei „Partner" glaubten sie ausfindig gemacht zu haben: den Griechen Spiros Ghegas und den indonesischen Arzt (pakistanischer Abstammung) Dr. Hallym Calehr. Als „Beweis" für diese Theorie führten die Genossen Spitzel an, mit dem Griechen sei ich „Hand in Hand" gesehen worden, mit Hallym Calehr sei ich „sehr oft zusammen".

Heute, im Zeitalter des Outings wäre es ja durchaus schick, mitzuteilen, ich sei „bi", was sogar die 80jährige Inge Meysel für mitteilungswürdig hält!

Leider muß ich meine LeserInnen enttäuschen: ich war und bin nicht schwul. Spiros Ghegas war ein Grieche, der mit mir ungeheuer viel Spaß hatte, weil wir uns beide über die Borniertheit des SED-Staates und seiner genauso beschränkten Funktionärsschicht lustig machten. Vor allem nach durchzechten Nächten in den Leipziger Kneipen konnte es schon mal passieren, daß wir uns wankend festhielten, um nicht hinzufallen …

Was mein Freund Hallym Calehr anbelangt, so war sein Frauenkonsum damals in Leipzig derart enorm, daß die Vermutung der Homosexualität nur als übler Stasi-Scherz aufgefaßt werden muß. Calehr hatte nämlich äußerlich eine

51

starke Ähnlichkeit mit dem berühmten amerikanischen Filmstar Tony Curtis und die Frauen bekämpften sich gegenseitig, um die Gnade seiner potenten Gunst zu erwerben ... Die Stasi war jedoch, das muß man ihr lassen, nicht an Vermutungen interessiert, sondern an verwertbaren Fakten. Nachdem andere IM's ins richtige Schlüsselloch geschaut hatten, kam die Stasi zu dem Ergebnis, daß ich absolut „normal" veranlagt war, und beschloß, künftig vor allem hübsche Mädchen als „Damen im besonderen Einsatz" zu mir zu schicken. Dadurch erhoffte sich die Stasi die besten Spitzelberichte.

In der prüden DDR-Zeit schien es jedoch den meisten Damen angebracht, gegenüber ihren Führungsoffizieren ihre intimen Beziehungen mit mir als Ergebnis meiner „Aufdringlichkeiten" hinzustellen und sich selber in Unschuld zu waschen. Eine Dame gab sogar als Grund an, sie habe nicht mehr widerstanden, weil sie ja einen Abdruck von meinem Wohnungsschlüssel anfertigen müsse!

Auf dem V. Parteitag der SED im Jahre 1958 verkündete Parteichef Walter Ulbricht die sog. „Zehn Gebote der sozialistischen Moral", die seitdem jahrelang faktisch von jedem Genossen wie eine tibetanische Gebetsmühle auswendig gelernt und hergebetet werden mußten. In Anlehnung an die zehn Gebote der Bibel, allerdings atheistisch und kommunistisch neu geprägt, heißt es:

„1. Du sollst Dich stets für die internationale Solidarität der Arbeiterklasse und aller Werktätigen sowie für die unverbrüchliche Verbundenheit aller sozialistischen Länder einsetzen. – 2. Du sollst Dein Vaterland lieben und stets bereit sein, Deine ganze Kraft und Fähigkeit für die Verteidigung der Arbeiter- und Bauern-Macht einzusetzen. – 3. Du sollst helfen, die Ausbeutung des Menschen durch den Menschen zu beseitigen. – 4. Du sollst gute Taten für den Sozialismus vollbringen, denn der Sozialismus führt zu einem besseren Leben für alle Werktätigen. – 5. Du sollst beim Aufbau des Sozialismus im Geiste der gegenseitigen Hilfe und der kameradschaftlichen Zusammenarbeit handeln, das Kollektiv achten und seine Kritik beherzigen. – 6. Du sollst das

Volkseigentum schützen und mehren. – 7. Du sollst stets nach Verbesserungen Deiner Leistungen streben, sparsam sein und die sozialistische Arbeitsdisziplin festigen. – 8. Du sollst Deine Kinder im Geiste des Friedens und des Sozialismus zu allseitig gebildeten, charakterfesten und körperlich gestählten Menschen erziehen. – 9. Du sollst sauber und anständig leben und Deine Familie achten. – 10. Du sollst Solidarität mit den um ihre nationale Befreiung kämpfenden und den ihre nationale Unabhängigkeit verteidigenden Völkern üben."

Diese „Zehn Gebote" wurden 1963 sogar in das Parteistatut aufgenommen. Gebot Nr. 9 wurde von den meisten Genossen als Aufruf gegen vor- und außereheliche Sex aufgefaßt, so daß alle „wilde Ehen" oder ungeregelte Liebesbeziehungen tabu waren. So entschuldigte sich wortreich die Studentin und SED-Genossin Wanda Kosche, weil sie sich allzu intim mit ihrem Kommilitonen Hans-Joachim Kirsche nach einer feucht-fröhlichen Feier befaßt hatte. Daher auch die wortreichen „Entschuldigungen" sogar meiner Stasi-Damen, wenn sie „beichteten", es sei mit mir zu intimen Beziehungen gekommen. Dabei verschwiegen sie, daß sie häufig die Initiative ergriffen, wie etwa die KP „Jeanett" (Janett). Diese Tochter einer international bekannten KGB-Agentin, die als Assistentin des sowjetischen Meisterspions Richard Sorge in China eingesetzt war, fragte beim ersten Besuch in meiner Wohnung, kaum daß ich sie gebeten hatte, sich hinzusetzen, mit schelmisch-frivolem Blick:

„Soll ich mich ausziehen?...". Welcher Kavalier würde ihr einen Korb geben? In ihren Berichten „beklagt" sie sich jedoch pflichtgemäß, über mein angeblich unmoralisches Drängen. Auch dies war „Sozialismus in den Farben der DDR!"

Deswegen darf ich vor allem die Leserinnen herzlich bitten, die Beichten der Stasi-Damen nicht auf die Goldwaage zu legen und mich nicht für ein Sex-Monster zu halten.

Bericht des GI „Dieter Lempe"
entgegengenommen am: 23. 1. 1962
durch: Gen. Ultn. Leopold

Bericht

Betr.:K.

Auslandschinese, in Djakarta (Indonesien) geboren. 28 Jahre alt, Diplom-Journalist an der Karl-Marx-Universität geworden, zr.Zt. Mitarbeiter am Ostasiatischen Institut.

Er ist arbeitssam und sehr intelligent, Spricht fließend Deutsch, Englisch und Indonesisch.

Raucht und trinkt in Maßen. Kein Verkehr mit Frauen. *Politisch vertritt er die Anschauungen des Objektivismus.*

Zur Zeit diskutiert er mit allen Fragen des Pesonenkultes und die Glaubwürdigkeit des Marxismus-Leninismus bzw. der Sowjetregierung und der KPdSU über Chruschtschow-Führung.

Er besitzt eine Erklärung der Partei der Arbeit Albaniens zum XXII. Parteitag der KPdSU, *behauptet, sie von Kasim Grazi (einem ehemaligen Medizinstudenten) aus Tirana erhalten zu haben. Es ist meines Wissens eine einfache Vervielfältigung in deutscher Sprache.*

Sagt aber auch, daß die albanische Botschaft in der DDR entsprechendes Material in englischer, deutscher und russischer Sprache herausgegeben habe.

Inhalt: Die albanischen Führer verkünden darin „der Welt die Wahrheit" über die Chruschtschowgruppe und sprechen von sowjetischen Agenten, wie K. mir sagte.

Er macht laufend Andeutungen, daß alle Genossen Spitzel seien – Agenten der Staatssicherheit usw.

Er behauptet auch, daß unsere Presse nicht den vollen Wortlaut der Rede CHRUSCHTSCHOWS gebracht habe und ferner die Rede Tschou en Lai um das Wesentliche gekürzt sei.

Er sagte auch, Mao Tse Tung habe eine Rundfunkrede gehalten über die Standhaftigkeit und Lauterkeit der albanischen Kommunisten und daß diese Kritik hätte nicht offen ausgesprochen werden dürfen.

Ergänzung: **Er hat einen „Borgward-Lyod" für 500,– DM West in Westberlin gekauft.** *Der Pkw ist zur Zeit in Reparatur.* **Ferner hat er ein Radio der Firma Braun – Typ Hele aus dem Westen geschickt bekommen.**

„Dieter Lempe"

Aus einem anderen Spitzelbericht:

Bei K. besteht die Vermutung, daß er gegen den Paragr. 175 verstößt. **So sah man ihn oft mit dem Griechen Ghegas untergehakt auf der Straße gehen.**

Der Genosse Nikolaou berichtete, daß K. auch auf einen griechischen Studenten, mit dem er befreundet ist, einen **starken negativen Einfluß** *ausübt, so daß dieser Grieche sich völlig von den griechischen Genossen isoliert hat. Vermutlich handelt es sich dabei um Ghegas.*

Leopold, Unterleutnant

Eine „IM" meldete u.a.:

Am 21. 12. 64 hat die KP wie festgelegt, nach vorheriger Vereinbarung mit dem K. … diesen in seiner Wohnung besucht. Sie traf um 20.00 Uhr bei dem K. ein und hat ihn nach 23.00 Uhr wieder verlassen.

Der K. verhielt sich bei der Zusammenkunft im Gegensatz zur letzten wieder sehr wortkarg, betonte öfter, daß er sehr abgespannt sei und „lümmelte" sich herum.

Bei den wenigen Sätzen die er sprach, brachte er wieder seine negierende und negative Haltung gegenüber der Entwicklung in der DDR zum Ausdruck.

So erzählte er z.B. über sein Auto (Mercedes), daß er dieses im September zur Generalüberholung gegeben habe und es immer noch nicht fertig sei. In Westdeutschland würde man es früh zur Reparatur geben und könne es abends wieder abholen.

Hier dauere das eine Ewigkeit. In der DDR stagniere eben alles. Bericht 23. 12. 64

Auf die Entgegnung der KP, daß er es doch gleich in WD hätte reparieren lassen können, als er es dort gekauft hat, sagte er, daß er es geschenkt bekommen hat und eine Reparatur drüben für ihn zu viel Geld kostet.

Als im Radio eine Musiksendung zu Ende ging und der Nachrichtensprecher begann, wollte die KP auf einen anderen Sender umschalten um weiter Musik zu hören. Daraufhin sagte der K., laß mal die Nachrichten, wir wollen mal hören, ob Kossygin schon abgelöst wurde.

Weiter berichtete die KP, **daß der K. wie üblich mit seinen aufdringlichen Annäherungsversuchen begann und sie ihn dieses mal nicht abgewehrt hat, sondern gewähren ließ. Danach habe sich der K. hingelegt und geschlafen. Während sie den Abdruck vom Wohnungsschlüssel gefertigt hat, hat der K. nach Meinung der KP fest geschlafen.**

Der K. hatte der KP erzählt, daß er schon reichlich Alkohol getrunken habe. Mit der KP hat er auch noch einiges getrunken, und machte keinen nüchternen Eindruck mehr.

Die KP hat den K. einige Zeit schlafen lassen, dann hat sie ihn geweckt und sich verabschiedet.

Um nicht mit heruntergehen zu müssen, gab der K. der KP die Haustürschlüssel mit der Aufforderung selbst aufzuschließen und die Schlüssel dann in den Briefkasten zu stecken.

An Veränderungen in der Wohnung konnte die KP feststellen, daß der K. ein Fernsehgerät „Alex" hat. Er fragte die KP, ob sie das Gerät nicht kaufen wolle. Die KP verneinte.

Zum Abschied sagte der K. zur KP, sie solle sich wieder mal bei ihm melden. Über seine geplante Reise nach Kuba hat der K. nichts erzählt.

Nächster Treff mit der KP am 30. 12. 64 in der KW „Anita". Zu diesem Treff erhält die KP neue Instruktionen betr. des K. Der Treff wurde durchgeführt von den Gen. Hptm. und Ultn.

Hauptabteilung XX/6/III   *Berlin, den 27. 1. 1965*

Plan

zum weiteren Einsatz des GI „Jeanett" zur op. Bearbeitung des Vorganges

Bei dem IM handelt es sich um einen weiblichen IM, der bereits in die Vorgangsbearbeitung eingeführt wurde und engere Verbindung zu dem im Vorgang zu bearbeitenden Kuo herstellen konnte. K. versucht diese Verbindung laufend mit zu seiner sexuellen Befriedigung auszunutzen. *Aber aus dem bisherigen Verhalten des K. ist festzustellen, daß er sich außerdem für die Person des GI sowie deren Verbindung interessiert.*

Im allgemeinen Verhalten gegenüber dem GI zeigt sich bei Kuo eine gewisse Unsicherheit, Verschlossenheit und Vorsichtigkeit, die darin zum Ausdruck kommt, daß er sich beobachtet fühlt und nur ungern die Wohnung des GI betritt.

Durch Äußerungen gegenüber dem GI, daß er für den sowjetischen Abwehrdienst tätig sei, versucht er sich interessant zu machen oder den GI zu testen.

Im Widerspruch dazu steht aber, daß er laufend diffamierende Äusserungen zur UdSSR und zur DDR macht.

Ziel des weiteren Einsatzes des GI „Jeanett" ist:

1. *Ein klares Persönlichkeitsbild des Beschuldigten Kuo zu erhalten. Besonders hinsichtlich seines Charakters und seiner politischen Einstellung.*

2. *Aufklärung der feindlichen Tätigkeit, des Umfanges dieser Tätigkeit und* **Schaffung von Beweismaterial.**
Dazu ist notwendig, daß der GI ein noch engeres Vertrauensverhältnis zu dem Beschuldigten herstellt. Daraus ergeben sich folgende Maßnahmen:
1. *Der GI hat sich im persönlichen Verhalten zu dem Kuo interessant zu geben und* **sein Verlangen nicht gänzlich abzulehnen,** *aber auch nicht bedingungslos zuzustimmen. Von dem GI sind dabei solche Forderungen zu stellen,* **wie Besuch von Theater u.a.** *Veranstaltungen.*
2. *In dem politischen Auftreten des GI gegenüber dem Kuo muß sie sich* **variabel** *verhalten. Sie muß die Rolle eines passiven mit einigen politischen Unklarheiten behafteten Bürger der DDR spielen, um sich dem K. politisch anzupassen.*
3. *Ausgehend von den bisherigen Erfahrungen, die besagen, daß sich Kuo für bestimmte Personen aus dem Bekanntenkreis des GI interessiert, wird der GI beauftragt, dem Kuo über 1–2 Personen aus ihrem Bekanntenkreis zu erzählen, um diese in den Blickpunkt des Beschuldigten zu bringen.* **Dabei ist zu gewährleisten,** *daß sich* **unter diesen Personen ein IM befindet, ohne daß eine Dekonspiration erfolgt.**
4. *Um zu prüfen, ob K. Interesse an vertraulichen Material zeigt und um den GI als Informationsquelle interessant zu machen, wird der GI mit* **scheinbar wichtigen Unterlagen** *des DPZI und MfV (Ministerium für Volksbildung) zu Fragen des Bildungswesens ausgestattet. Über dieses Material hat der GI dem Kuo Kenntnis zu geben.*
5. *Sollte K. dem GI gegenüber wieder auf seine angebliche Tätigkeit für den sowjetischen Abwehrdienst zurückkommen und evtl. den Versuch einer Anwerbung machen, hat der GI eine klare Antwort zu umgehen und zu erklären, daß er sich einer solchen Aufgabe* **nicht gewachsen fühlt,** *da so etwas eine große physische Belastung darstellen würde.*

Dreier, Obltn

Bericht

Am 24. 1. 1965 rief gegen 17.45 Uhr Kuo an und fragte, ob er mich bereits kurz nach 18.00 Uhr besuchen dürfe, da er sich hier in der Nähe aufhalten würde.

18.15 Uhr betrat dann Kuo meine Wohnung. Zur Person sei folgendes bemerkt: Daß er kurz nachdem er meine Stube betreten hatte, das Jakett auszog, mir zuwarf und sich auf die Couch legte. Danach sah er sich meine Wohnung an und erklärte lakonsich, ganz nett. Er fragte, ob die Möbel mein Eigentum wären und nach Bejahung dieser Frage fragte er, warum ich mir keine neuen Möbel zulege. Daraufhin gab ich ihm zu verstehen, daß ich beabsichtigte in einiger Zeit mir einen Trabant zu kaufen. Dazu bemerkte er, **ach diese Pappkiste.** Danach erklärte er, daß **die DDR der grösste Ausbeuterstaat** wäre, schlimmer wie im Kapitalismus. Der Trabant würde z.B. von einem Produktionskosten von 2000 MDN (Mark der Deutschen Notenbank [Ostmark]) hergestellt und für 8000 MDN verkauft.

Das wäre eine **schlimmere Ausbeutung als wie im Kapitalismus,** obwohl nach aussen behauptet würde, daß die Arbeiterklasse die Macht in den Händen hätte.

Weiterhin erklärte er, daß heute Abend der Film „Schlafwagen Paris-München" im Fernsehen gezeigt würde, wo er selbst mitspielt und er stellte die Frage, ob ich nicht bereit wäre, mit zu ihm in die Wohnung zu kommen, um uns gemeinsam das Fernsehspiel anzusehen.

Auf meine Erklärung, daß ich mich darauf eingerichtet hätte, daß er mich besucht, wäre ich nicht sehr geneigt mit ihm zu gehen, zum anderen hätte ich mich sehr gefreut und auch entsprechend mich vorbereitet und würde darum bitten, daß er dableibt.

Darauf gab er keine Antwort, sondern lächelte nur vor sich hin. Man kann nie genau einschätzen, was er momentan

59

denkt und wie seine Reaktion ist. Nach anfänglicher Unterhaltung bin ich dann in die Küche gegangen, um das Abendessen vorzubereiten.

Auf dem Tisch lag die Vorlage über **das einheitliche Bildungswesen.** *Als ich nach einiger Zeit das Zimmer betrat, wollte er die Vorlage schnell wieder weglegen, als ich das gesehen hatte, legte er sie zwar hin, nahm sie dann nach einiger Zeit wieder in die Hand und blätterte darin.*

Er fragte mich dann, ob in dieser Vorlage etwas interessantes stehen würde. Ich sagte, an sich nicht, das sind jetzt die Pläne, die man durcharbeiten müsse und was man in der Woche nicht schafft, liest man eben Sonntags.

In diesem Zusammenhang gab ich ihm zu verstehen, daß es Diskussionen darüber gibt, daß nicht alles so verwirklicht werden kann, wie es in dem Plan enthalten ist, wie z.B. die zweite Spracheinführung, da dafür nicht genügend Sprachlehrer zur Verfügung stehen. Er ging aber nicht weiter darauf ein, so daß ich auch keine weiteren Darstellungen zu dieser Problematik ihm gegenüber gab.

Das angebotene Essen und **den von ihm bestellten Wodka mokierte er** *sich und erklärte, daß er nicht so viel trinken wolle, da er noch Auto fahren müsste. Da seinerseits keine Unterhaltung durchgeführt wurde, begann ich dann von mir aus über Konzertbesuch, über den Besuch der Eisrevue im Friedrichstadtpalast usw. Ich stellte ihm die Frage, ob er auch zu solchen Theaterbesuchen gehen würde, wozu er seine Bereitschaft erklärte.*

Im übrigen lag er auf der Couch, die Augen zu und döste vor sich hin. *Ich brachte dann das Thema auf Filme und erzählte ihm, welche Filme ich in letzter Zeit besucht hätte, darauf erklärte er mir, daß er am 23. 1. in Westberlin den italienischen Film „...." gesehen hätte und erklärte mir den Inhalt des gesamten Filmes. Aus seiner Schilderung entnahm ich, daß es sich um einen* **Ehebruch** *handelt. In diesem Zusammenhang stellte er mir die Frage, ob ich ebenfalls in der Lage wäre, einen Ehebruch zu begehen. Auf meine Erwiderung, daß ich mir das schlecht vorstellen könne, weil ich nicht verheiratet bin, erklärte er seinerseits,* **für ihn wäre**

das selbstverständlich, denn auf die Dauer könne man nicht mit einer Frau leben bzw. nur sexuelle Beziehungen zu einer Frau unterhalten. Aus seinen Darlegungen war zu entnehmen, daß er die **Ehe nur als Existenzsicherung und aus ökonomischer Sicht heraus betrachtet.**

Im Zusammenhang mit diesem Gespräch **kam das übliche,** *d.h.* **er versuchte intim zu werden** *und brachte mehr oder weniger ziemlich unverblümt zu verstehen, er hätte keine Zeit, denn er müsste um 20.00 Uhr gehen. Ich* **sträubte mich zwar einige Zeit, gab dann aber doch mehr oder weniger nach,** *um die Verbindung aufrecht zu erhalten.*

Auf meine Frage, warum er denn schon um 20.00 Uhr gehen müsste, erkärte er, er hätte noch etwas wichtiges zu erledigen, das wäre aber **nichts für Frauen,** *sondern eine* **lebensgefährliche Aufgabe** *und das ginge mich nichts an.* **Er machte ziemlich auf müde** *und ließ sich kaum zu einer Unterhaltung bewegen. Ich zeigte ihm dann einige Krimis, die sehr interessant wären und fragte ihn, ob er sich dafür interessiert. Er sah sich die Bücher kurz an und fragte gleich, ob er sich diese mitnehmen dürfe. Er stellte mir die Frage, wo ich diese Bücher herhabe, da es sich um WD (Westdeutsch[land]) Ausgaben handelt. Ich erklärte ihm, daß ich diese von Bekannten hätte und daß ich sie aber bald wieder benötigen würde, da die Bücher von Hand zu Hand gingen. Dazu bemerkte er, das ist ja klar, solche interessante Lektüre lese man gern. In diesem Zusammenhang der Literatur und wir sprachen auch noch über Filme, erklärte er, daß man in der DDR ja in* **allen Fragen 10 Jahre hinterherhinke,** *erst hätte man den Twist verhöhnt und jetzt tanzt man auch Twist bei uns. Da er wieder von Westfilmen sprach, die er sich in WB (West-Berlin) angesehen hatte, stellte ich an ihm die Frage, nun wenn dir das drüben besser gefällt, wie hier, warum bleibst du dann nicht als Ausländer in WB. Daraufhin erwiederte er,* **in Zukunft beabsichtige er sowieso nach WB zu übersiedeln** *und dann wird er hier in die DDR kommen und sich Filme ansehen.*

Nach einiger Zeit der Ruhe stellte er an mich die Frage, nun was macht dein Arzt. Ich erklärte ihm, daß es meinem

Bekannten, dem Arzt – soweit ganz gut gehe, aber zur Zeit wäre er mit seinem Schicksal in der DDR nicht zufrieden, er wäre sehr ungehalten vor allen Dingen, weil ihm nicht die Möglichkeiten der Reisen zur Konferenz und wichtigen wissenschaftlichen Symposien gegeben sind, wie das früher der Fall war, zum anderen könne er in WD nicht mehr in dem Umfange oder überhaupt publizieren und das wäre gerade für ihn als Wissenschaftler zwecks Anerkennung sehr wichtig, zum anderen würde er gern Reisen durchführen und diese Möglichkeiten hätte er hier nicht.

*Daraufhin äußerte sich K. in der Form, ja, dem Mann fehlt die persönliche Freiheit und diese ist eben hier sehr eingeschränkt. Daraufhin erklärte ich, daß er auch große Schwierigkeiten habe, die entsprechende Fachliteratur zu erhalten und es gebe da immer große Schwierigkeiten mit der Univ. Bibliothek, beruflich ist er sehr überlastet, weil er die psychologisch schwierigen Kinder zur Untersuchung bekäme und aus der ganzen Reihe von Dinge wäre er sehr unzufrieden, obwohl er **sonst materiell alles hier in der DDR habe.***

Nach dem Namen dieses Arztes fragte er mich nicht, ich selbst nannte auch keinen Namen.

Er fragte mich in diesem Zusammenhang unmittelbar, ob ich Verwandte in WD hätte, bzw. überhaupt im Westen hätte.

Ich erklärte ihm, daß meine Großeltern und auch Onkel und Tanten im Schwarzwald leben würden. Daraufhin wollte er den Beruf wissen und ich gab ihm die Erklärung, daß mein Großvater Bäcker gewesen wäre, jetzt aber nicht mehr arbeitet und daß meine anderen Verwandten Angestellte sind. Nach Namen bzw. Adressen fragte er nicht. Ich spürte nur eine gewisse Enttäuschung, da ich ihm erklärte, ich hätte in WB keine Verwandten.

Danach kam er wieder auf den Arzt zu sprechen und erklärte, so so, dein Arzt ist also immer schlechter Stimmung und sehr unzufrieden, stellte aber keine Fragen mehr dazu.

Er wollte nur wissen, ob ich mit dem Arzt noch in Verbindung wäre und ob ich mich öfters mit ihm treffen würde. Ich erklärte ihm, daß das ganz darauf an kommt, wie seine Zeit zur Verfügung steht bzw. wie ich selbst Zeit habe, aber in gewissen Zeitabständen würden wir uns doch sehen und über diese oder jene Frage gedanklich austauschen.

Dann wollte er wissen, wer noch mit in der Wohnung wohnt, was diese Leute von Beruf sind und fragte aber nicht wo sie arbeiten, bzw. welcher Tätigkeit sie nachgehen, wie ihre politische Einstellung ist, näheres zur Person fragte er nicht.

Gegen 19.30 Uhr erklärte er, er müsse jetzt gehen, auf meine Bemerkung ob es denn wirklich so wichtig sei, ob er nicht bei mir bleiben wolle, erklärte er, er hätte noch eine wichtige Verabredung mit jemanden und fragte, ob ich Dr. Sorge kenne? Auf meine Erwiderung, ich hätte darüber etwas in der Illustrierten „Freie Welt" gelesen, sagte er seinerseits, er wäre ein solcher Doktor Sorge und er müsse sich heute noch mit einem Oberst Laichim im Offiziersclub in Karlshorst treffen, um eine wichtige Angelegenheit **bezüglich eines amerikanischen Agenten** *zu besprechen. Dieser Oberst hätte ihn heute früh angerufen und auf seine Erklärung, daß er um 19.00 Uhr eine Verabredung habe, hätte der Oberst gesagt, in dieser Angelegenheit müssten jede persönlichen Interessen zurückstehen, heute käme der Agent X 10, den müsse er abpassen. ...*

Bei der Gelegenheit würde er auch gleich meine Krimis lesen. Wörtlich erkärte er, er sei **bei der sowjetischen Abwehr** *und habe darum viel zu tun.*

Auffällig an dieser Schilderung war für mich, daß er die ganze Darstellung in einer **gewissen höhnischen** *Art und Weise vorbrachte, man hatte auch den Eindruck, daß er sich damit wichtig machen wolle.*

Beim Anziehen sah er sich nochmals im Zimmer um und sagte, so ungewohnte Umgebung hier, das mache ihn nervös und auf meine Bemerkung dann mußt du mich eben öfters mal besuchen und dich daran zu gewöhnen, erklärte er, daß ist zu unruhig hier und ich solle ihn besuchen, da wäre es ruhiger.

Er erklärte, daß hier in dieser dunklen Gegend auch die Sicherheit seines Fahrzeuges nicht gegeben wäre, hier gäbe es doch Halbstarke und die in seiner Wohngegend nicht wären und er wisse nicht, was mit seinem Wagen passieren könne und im übrigen könne er nie sagen, ob er nicht beobachtet wird usw.

Wörtlich erklärte er, hoffentlich bin ich nicht beobachtet worden. **Ich stellte mich naiv und sagte,** wieso denn, **bei mir doch nicht. Na ja, sagte er, der amerikanische Agent** oder seine Freunde, man könne nie wissen. Ich brachte ihn dann runter zum Wagen und fuhr mit ihm auch noch ein Stück mit und im Wagen erklärte er mir, also du weißt, es ist eine geheime Sache und da spricht man nicht darüber. Wozu ich ihm meine Zusicherung gab.

Im Wagen gab er mir auch zu verstehen, daß er nächste Woche mehr Zeit hätte und daß wir uns telefonisch gegenseitig verständigen, wann wir uns mal wiedersehen können.

Daraufhin fuhr er dann weg und er erkundigte sich vorher noch, wie er von meiner Wohnung aus am schnellsten zum Alex käme.

NS: Als er mir die Story von Oberst ... erzählte, stellte ich ihm die Frage, dann hast du mich doch vorhin beschwindelt, als du mir erklärtest, du wolltest mit mir das Fernsehen ansehen. Dazu bemerkte er, heute hätte er aber wirklich keine Zeit und ging auf diese Frage gar nicht ein. Es war gegen 19.45 und 19.50 Uhr, wo ich mich von ihm trennte.

Charakterliche Einschätzung *(Stasi-Analyse)*

Bei Kuo handelt es sich um einen intelligenten Menschen. Während seines Studiums zeigte er sich äußerst strebsam und studierte sehr konzentriert und intensiv. Er ist sehr ehrgeizig in seinem persönlichen Vorwärtskommen, **wobei eine Hauptfrage bei ihm die ist, wie man auf leichte Art und Weise zu Geld kommen und ein angenehmes Leben führen kann.**

Wenn es um seine eigenen Interessen geht, zeigt er sich selbst gegenüber engeren Freunden durchtrieben und skrupellos in der Anwendung seiner Mittel und Methoden. Schon in Leipzig intrigierte er gegen Genossen (Handakte Nicolau). Seine Skrupellosigkeit geht soweit, dass er selbst Familienzwistigkeiten, der ihm befreundeten Familie ausnutzt und die Ehepartner gegenseitig verleumdet. (Bd. I, S. 11, Bd. III, S. 45–46, Inf. Nr. I/233, 246)

In seinem Auftreten gegenüber anderen Personen kann er seine bürgerliche Herkunft nicht verleugnen.

Er tritt z.T. überheblich auf, ist auf seine eigenen Vorteile bedacht und hat eine **unmoralische Einstellung zum anderen Geschlecht.** Er hat **viele Verbindungen zu Frauen** und sucht ständig neue Kontakte zu ihnen, die **ihm zur Befriedigung seiner sexuellen Bedürfnisse dienen.** Ihm liegt dabei weniger daran, sich in Gaststätten zu vergnügen, sondern er **liebt die private Atmosphäre** (Bd. II, S. 18, 41, 96).

Auch sonst hat K. einen umfangreichen Bekanntenkreis, der sich ständig verändert. Der Charakter dieser Verbindungen konnte nicht immer geklärt werden.

Hinsichtlich seiner Arbeit gewann man den Eindruck, daß er keine Bindung hat. In seinem Benehmen ist **er sehr unverschämt dem weiblichen Geschlecht gegenüber, nur auf Sex eingestellt.** In seiner Redewendung, seiner Redensart ist er sehr **zynisch** und ich hatte den Eindruck, daß er zu bestimmten Fragen vor allen Dingen auf pol. (politischem) Gebiet **gern zynische Betrachtungen** anstellt.

IM „Jeanett"

Meine Freundin Rosemarie

In Leipzig war ich längere Zeit mit einer Slawistik-Studentin namens Rosemarie Mutscher befreundet. Ich hatte sie im Ring-Café im Zentrum Leipzigs kennengelernt. Sie war ein nettes, freundliches und offenherziges Wesen und so freundeten wir uns schnell an. Sie stammte aus Bautzen und hatte mich scherzhaft des öfteren gewarnt, ich solle mein „loses Mundwerk" etwas im Zaume halten, sonst „kommst Du in meine Heimatstadt!". Wie wahr ihre Prognose war, ahnten wir beide damals, eine Unschuld vom Lande und ein naiver chinesischer Südsee-Insulaner, noch nicht. Sie war eine überzeugte „Sozialistin" und so debattierten wir häufig und zum Teil heftig über das Für und Wider des „Sozialismus/Kommunismus". Sie stammte aus kleinbürgerlichen Verhältnissen, war auch Sorbin oder Halbsorbin (studierte deshalb wohl auch Slawistik) und war dem DDR-Staat vor allem dankbar, daß sie studieren konnte.

In meinen Stasi-Akten tauchte sie nunmehr, nach 28 Jahren Trennung, wieder auf, als „IM Willner". Viele Berichte hat das brave Mädchen Rosemarie über mich erzählt oder verfaßt, viele Treffs mit ihren Führungsoffizieren gehabt. Dennoch kann ich ihr nicht ernsthaft böse sein, und würde sie heute gerne zu einem Viertele Wein einladen und ihr verzeihen.

Denn was die Stasi mir ihr machte, ist kriminell und hat das arme Mädchen in eine Zwangslage gebracht, aus der sie sich wohl nicht aus eigener Kraft befreien konnte.

Zunächst hatte die Stasi Rosemarie als „IM" gegen mich mit dem Märchen geworben, ich hätte sie an westliche Geheimdienste „empfohlen". Zu ihrer Ehrenrettung hat sie dies, auch gegenüber der Stasi, als wenig glaubhaft zurückgewiesen. Ihre ersten Berichte wurden deshalb von der Stasi als „nicht ehrlich" eingestuft. Sie hatte mich wirklich geschont und nur die harmlosesten Sachen berichtet, allzu „scharfe" Bemerkungen meinerseits hat sie nicht an die Stasi weitergeleitet.

Die Mielke-Truppe wollte jedoch, daß sie ausführlicher und genauer berichtete, als meine Freundin wäre sie auch die ideale Informantin. So beschloß die Stasi, mit einem Trick die brave Bautzenerin hereinzulegen. Hier das entlarvende Dokument:

Bezirksverwaltung Leipzig   *Leipzig, den 4. 8. 1962*
– Abteilung V/6 –

Vorschlag zur Durchführung einer operativen Maßnahme im Vorgang

Vor einigen Wochen wurde die Freundin des Beschuldigten unter der **Legende** *geworben, daß uns bekannt geworden ist, daß man sie von Westberlin aus für eine feindliche Tätigkeit ausnutzen will. Die Betreffende ist gegenwärtig nicht davon überzeugt, daß der Beschuldigte sie in Westberlin empfohlen hat, obwohl sie erkennt, daß objektiv der Verdacht auf ihn fallen muß.*

Um diesen Verdacht zu verstärken *und gleichzeitig* **zu überprüfen, ob der GI ehrlich ist,** *soll folgende Maßnahme durchgeführt werden:*

Der GI ist zur Zeit bis 12. 8. 62 in Bautzen bei seinen Eltern. Für den 12. 8. 62 wurde mit ihm bereits Ende Juli ein Treff in Leipzig ausgemacht.

Es soll ein Brief hergestellt werden, der den Westberliner Poststempel trägt und dieser Brief soll dem GI vor dem 12. 8. 62 an die Leipziger Anschrift zugestellt werden.

In diesem Brief schlägt ein Ausländer aus Westberlin ihr ein Zusammentreffen für den 10. 8. 62 in Leipzig vor.

Wenn der GI am 12. 8. 62 nach Leipzig kommt, soll der Brief in ihrer Wohnung vom GI gefunden werden.

Einverstanden: Peterhänsel/Major
Leiter Abt. V

Zuvor hatte Rosemarie so berichtet:
Treffbericht
Quelle: GI „Willner"
Linie: Auslandsstudenten
Ort: Treffzimmer FMH
Zeit: 18. 7. 62, 14.00–16.00 Uhr
Mitarbeiter: Kirmse, Leopold

Der GI erschien pünktlich zum Treff und übergab auftragsgemäß einen Bericht über seine persönlichen Beziehungen zu K. Außerdem berichtet sie noch folgendes:
K. verkehrt des öfteren noch mit Kirsten. Kirsten und Schäfer habe sie auch schon zusammen bei K. gesehen. Vor kurzem ist K's Vater in Leipzig zu Besuch eingetroffen. Er war auf Einladung des Journalistenverbandes der CSSR nach Prag gekommen und von dort in die CSSR.
K. will mit ihm gemeinsam bis September nach China fahren. Dort will K. seinen Onkel besuchen, der dem chinesischen Volkskongreß angehört. K. hat noch einen Bruder und eine Schwester, die in China leben sollen. K. hat weiterhin ein enges freundschaftliches Verhältnis zu dem Indonesier Calehr, H., der uns als Westberlinfahrer bekannt ist.
Befragt nach den politischen Auffassungen des K. erklärte der GI wieder, daß K. keine negativen Auffassungen vertritt. In dieser Frage ist der GI nicht ehrlich. *Der GI fährt jetzt bis Mitte August nach Bautzen zu ihren Eltern.*
Sie erhielt den Auftrag, sofort über die dortige Kreisdienststelle die Verbindung zum Mitarbeiter aufzunehmen, wenn es Anzeichen gibt, daß man von Westberlin aus versucht, mit ihr in Verbindung zu kommen.
Maßnahmen:
1. Auswertung des GI-Berichtes für Vorgang...
2. Vorbereitung eines Briefes von Westberlin an den GI, worin der GI darin bestärkt wird, daß K. ihren Namen in Westberlin genannt hat.
Nächster Treff: 12. 8. 62, 17.00 Uhr

Leopold/Leutnant

Der von der Stasi gefälschte Brief lud Rosemarie zu einem konspirativen Treff mit einem angeblichen West-Agenten zu einem Zeitpunkt ein, wo sie noch in Bautzen war! Als Rosemarie den fingierten Brief vorfand, eilte die loyale DDR-Bürgerin zu ihrem Führungsoffizier und bekannte nunmehr, offenbar sei ich wirklich ein „gefährlicher" Mensch. Ihre Berichte wurden jetzt von der Stasi besser benotet, auch wenn hin und wieder manche Details von der Rosemarie „vergessen" wurden, was die „allwissende" Stasi übel vermerkte. Einen Tadel zog sich die Rosemarie auch zu, als sie gegenüber ihrem Führungsoffizier entsprechend Gebot 9 der „Zehn Gebote der sozialistischen Moral" behauptete, sie habe mir gegenüber betont, wir wollten zwar gute Freunde bleiben, intime Beziehungen lehne sie jedoch ab ...

Ihr Führungsoffizier muß mit der Stirn gerunzelt haben ob soviel sozialistischer Moral und belehrte sie, sie solle mir „wenigstens die Hoffnung lassen, daß es zu solchen intimen Beziehungen" kommen könne. Wie sonst solle sie aus mir die gewünschten Informationen herausbekommen?!

Ich habe ihre Berichte sehr aufmerksam gelesen. Sie hat sich wirklich bemüht, objektiv und wahr zu berichten. In keinem Rechtsstaat wären ihre Aussagen strafrechtlich von Bedeutung gewesen, da dort Meinungsfreiheit herrscht. In der damaligen DDR waren jedoch fast alle meine Aussagen „staatsfeindliche Hetze" und „ideologische Diversion", die viele Jahre Zuchthaus nach sich ziehen konnten.

Rosemarie war, bedingt durch den miesen Trick der Stasi, ein Opfer der Stasi.

Von den meisten anderen IMs kann ich dies – leider – nicht sagen. Ihre Berichte haben sie mit Lust und Wollust abgegeben, sie schmückten alles in den negativsten Farben, ob das mein „schmuttliger" (Kein Druckfehler von mir!) Pullover war, die „leeren Flaschen" in meiner „dreckigen Wohnung" oder meine „depressive" Stimmung, alles Schlechte wurde nachgewürzt an die Stasi geliefert. Für einen Judaslohn von 50 oder 200 Ostmark erklärten meine liebeswürdigen Stasi-Damen unverblümt, sie seien „sehr

dankbar" und weiterhin bereit „unser Organ" zu unterstützen, wie die Stasi sich selber nannte. Einige dieser
Damen traten auch so plump auf, daß der Geruch der
Normannenstraße, der Stasi-Zentrale in Ost-Berlin so
penetrant war, daß ich ihnen häufig auf den Kopf sagte,
woher der Wind wehte ...

Humorlosigkeit kennzeichnet die Stasi und ihre IMs
gleichermaßen. Als ich der bereits erwähnten Tochter einer
berühmten KGB-Spionin und Autorin der DDR sagte, ich
arbeite für die „sowjetische Abwehr" und wolle mit einem
KGB-Oberst einen „CIA-Agenten festnehmen" veranlaßte
die Stasi sofort eine „Nachfrage bei den befreundeten
Dienststellen" ... Von dort kam aber offenbar eine negative
Antwort ...

Siehe auch „Rosemaries Brief" im Anhang!

Bericht

Im Verlauf der weiteren Bearbeitung des Beschuldigten im Vorgang... durch IM der Abteilung 0 konnten weitere Fakten erarbeitet werden, die bestätigen, daß der Beschuldigte **ideologische Diversion** *betreibt.*

Im einzelnen wurde folgendes festgestellt:

Am 27. 5. 62 äußerte er gegenüber der Studentin Mutscher in seiner Wohnung folgende Auffassungen:

In der DDR sind die Preise himmelschreiend. Die Arbeitslosen in Westdeutschland würden mehr Unterstützung haben als bei uns. Drüben sind die Arbeiter nicht arbeitslos, weil sie keine Arbeit finden, sondern weil sie sich eine bessere suchen.

Die Mutscher erklärte, daß die Bauern bei uns den Junkern das Land nicht wieder zurückgeben würden, wenn sie hier wieder auftauchen.

Darauf K.: Das würde sie nicht so genau wissen, denn die Bauern hätten ja jetzt schon ihre Wirtschaft aufgeben müssen (LPG).

Auf den Einwurf, daß den Bauern das Land weiterhin gehört, erklärte K.: „noch gehört es ihnen".

Die Kommunisten wollen den Lebensstandard nicht erhöhen, sie sprechen nur immer über Lebensstandard. Dann erklärte K. höhnisch. Es würde bis auf das Kommunistische Manifest kein Kommunistisches Dokument geben, was neu wäre. Was im Nationalen Dokument steht, wäre alles Käse. Es gibt nur eine neue Überschrift und Titel.

Im Zusammenhang mit diesen Bemerkungen des K. fragte ihn die Mutscher, warum er sie in dieser negativen Richtung beeinflussen wolle. K. erklärte, er wolle sie nicht beeinflussen.

71

Am 31. 5. 62 wurde K. von 2 männlichen Personen besucht, die mit dem Auto da waren und von Berlin sind.

An Hand einer Westzeitung und einer Karte berichtete eine Person über die Ermordung von Unteroffizier Huhn und liest aus der westdeutschen Zeitung folgendes vor:

„Daß die Vopos zuerst auf ein Kind schossen und dann auf die westberliner Polizei und dann erst das Tun durch die Westpolizei erwidert wurde, das verschweigen die Kommunisten." **Darauf erklärte K., die Mauer sei eine Mordgrenze und keine Friedensgrenze.**

Als eine weibliche Person dazukommt, erklärt K., sie solle sich von den beiden Herren über die politische Lage in Deutschland aufklären lassen (vermutlich Mutscher).

Am 3. 6. 62 hörte er gemeinsam mit der Mutscher eine Rede Adenauers (NWDR) ab **und machte des öfteren zu Adenauers Ausführungen zustimmende Bemerkungen, indem er erklärte „der ist einfach toll".**

Als Adenauer davon sprach, daß kein Krieg stattfinden wird, äußerte K. zur M.: „da siehst du es" wer am Krieg interessiert sei, daß hätte man am 1. Mai in Ostberlin sehen können. M. brüllte den K. an, sie wolle diesen Quatsch nicht mehr hören und er soll abstellen. Darauf K., ihn würde es aber interessieren. Darauf stellte die M. das Radio ab.

K. erklärte, daß Adenauer „ein 90-jähriger Genius" sei. Auf den Einwand der M., daß Adenauer doch Deutschland bis zum Jahre 2000 besetzen läßt durch die Amis, **erklärte der K.: „Die Russen würden ja ohne Vertrag bis zum Jahre 3000 hierbleiben, denn wenn die Russen gehen, gibt es keine DDR mehr".** Dann stellte K. das Radio wieder an und hörte die Rede weiter ab. Die M. erklärte, wenn er unbedingt Adenauer hören wolle, dann könne sie ja gehen, worauf K. sagte, sie könne sich ruhig alles mit anhören. (B 4)

Am 6. 6. 62 unterhielt sich K. mit einer männlichen deutschen Person, die in einem Betrieb als Schweißer tätig ist.

An Hand einer Landkarte studierten sie den Verlauf der Grenze, unterhielten sich über Grenzsicherung und wie man am besten „abhauen" könne.

K. erklärte, man müßte ein Motorboot haben, das ginge am schnellsten. (B 5)

Am 9. 6. 62 unterhielt sich K. mit einem Herrn Kutiljew o.ä. aus Bulgarien über die Versorgungslage bei uns an Hand einer Zeitung.

K. erklärte: Einmal schreibe man so und einmal so, einmal hätten die Menschen schuld und einmal die Kaufkraft. Und das alles steht auf einer Seite, was ist denn nun richtig? Der Ministerrat beschäftigt sich mit den lächerlichsten Sachen, die jeder Bauer selber weiß.

Alle sozialistischen Länder hätten Versorgungsschwierigkeiten. Es gibt kein sozialistisches Land, in dem es alles gibt.

In einem Gespräch am 17. 6. 62, wo die Mutscher dem K. den Humanismus in unserer Erziehung in der Schule klarmacht, erklärt K., daß die SU (Sowjetunion) sich doch jetzt auf einen Krieg vorbereitet, statt Fleisch gibt es Raketen. Wenn die M. gegen derartige Argumente auftritt, erklärt K., daß sie doch an ihre Argumentation selbst nicht glaubt, sondern nur die Parteipropaganda nacherzählt. (B 9)

Als die M. erklärte, daß die SU wüßte was Krieg bedeutet, da die Sowjetmenschen genug durchgemacht haben, **erklärte K., daß die Russen von der DDR, wo schon nichts war, genug weggeschleppt hätten.**

In diesem Gespräch erklärte K., daß die SU Schuld am Ausbruch des II. Weltkrieges sei. (B 9).

Am 12. 6. 62 unterhielt sich K. mit einem griechischen Studenten über den Prozeß gegen den „Rat der Spötter" (Studentenkabarett). Dabei brachte er zum Ausdruck, daß die Spötter wegen Kleinigkeiten verurteilt worden wären.

Jede Verhandlung sei ein Schauprozeß, wo die Strafe schon längst beschlossen sei. Tag und Nacht arbeite die Staatssicherheit. Sie sei die einzige Institution, die rationell und schnell arbeitet. Sie hätten 10 000 Ohren und Millionen Augen. Die könnten die ganze Bevölkerung einsperren.

Als das Gespräch auf den Mord an Peter Göring kam, sagte K.: P.G. wäre nicht gestorben, wenn er nicht auf einen 15-jährigen Jungen geschossen hätte, die Volkspolizei würde aber immer schießen.

Am 13. 6. 62 hielten sich bei K. der im Vorgang erfaßte Kirsten ein ausländischer Student und eine weibliche Person auf. Kirsten erklärte auf die Frage, ob er nicht arbeite, er habe nichts zu tun, so sähe der Sozialismus aus. K. ließ durchblicken, daß er mal nach Buchenwald fahren will, als Kirsten ihm sagte, fahre lieber nach Dresden, erklärte K.: **„Auch Buchenwald hat ja noch viele Plätze, die roten sind alle noch frei." Daraufhin schallendes Gelächter.**

Als man auf die Arbeiterfestspiele zu sprechen kam sagte Kirsten, daß er ein „Bauerntheater" mal in Magdeburg gesehen habe. Unmöglich wäre es gewesen – ja, eben sozialistische Kultur.

Kirsten erzählte, daß Gen. CHRUSCHTSCHOW ein einfaches Kind vom Lande wäre, er hätte wohl Schweine gehütet. Es wäre bei ihm weniger Wissenschaftlichkeit, mehr Schläue.

Im Zusammenhang mit der Versorgungslage sagte Kirsten, es gibt gegenwärtig eine Krise von Leipzig bis Peking. „Eine ganze weltweite Krise des sozialistischen Lagers, die Produktion ist im Rückgang, man würde von der Hand in den Mund leben (es wird gelacht).

Die weibliche Person äußerte, sie sollten doch nicht immer so spotten, sie hätten doch nichts davon und würden sich selbst bei solchen Reden nicht wohlfühlen.

Worauf Kirsten erklärte, ob man etwa zufrieden sein sollte und alles zu hinnehmen.

Die weibliche Person führte an, daß Arbeiter teilweise während der Arbeit gebummelt haben.

Daraufhin Kirsten: Die Arbeiter arbeiten ja nicht nur, sie üben ja angeblich auch die Macht aus. Vielleicht wollen die Arbeiter alle regieren und nicht mehr arbeiten (höhnisch).

Kirsten erklärte, wir hätten einen furchtbaren Beamtenapparat. Auf 10 Arbeiter kommen 8 Angestellte. Während die Arbeiter arbeiten, bekommen die Angestellten vorwiegend die Ferienplätze. Auf den Einwurf der weiblichen Person, er solle nicht alles auf den Staat schieben, erklärte Kirsten. **Der Staat, das sind die Menschen, aber was für welche – Stümper – Menschenfeinde, dieses Gammeltum,** *keine Verantwortung, Schmarotzertum, Phrasen würden sie dreschen.* Auch K. schloß sich dieser Meinung an. Und weiter Kirsten: **Wenn er die Kerle schon sieht, fett, mit dem Parteiabzeichen, dann wäre er gleich bedient.**

K. sagte, er habe sich mindestens 10 Betriebe in Leipzig angesehen, **aber keiner hätte einen so schönen Speisesaal gehabt wie bei Mercedes-Benz.**

Dann erzählte Kirsten, daß er bei der Berliner Zeitung als Journalist tätig war. Sie hätten sehr viel mit drüben zu tun gehabt, er wäre auch öfter drüben gewesen. Die hätten ja rüberfahren müssen, denn im Osten hätte es ja nichts gegeben.

In den Nachtlokalen hätten sie ganz schön die Ohren gespitzt, was es so alles gibt. Die Leute da drüben hätten alles. Der Parteitag 1958, wo man gesagt habe, daß ein Lebensstandard erreicht wäre wie 1936, das ist alles Mist, nur Versprechungen am laufenden Band. Dann erinnerte er daran, daß sich der 17. Juni mal wieder jähren würde.

Leopold/Leutnant

Aus einem Bericht Rosemaries:

Er selbst ist sehr empfindlich gegen jede „angebliche" Äußerung des Rassenhasses. Er sagte einmal, daß er Bürokraten hasse, daß es die leider aber in beiden Teilen Deutschlands noch gäbe. Ferner schien er mir sehr verbittert zu sein, daß die Behörden ihm Schwierigkeiten wegen seines Westautos machen und daß es im Winter kein Gemüse und Obst gab, was es in Westdeutschland das ganze Jahr gäbe.

Überhaupt steht bei ihm die „Magenfrage", das materielle Wohlleben im Vordergrund. Das macht er meist zum Gradmesser seiner Urteile. Deshalb kommt auch die DDR, was Fragen des Lebensstandards betrifft, nicht gut weg in seiner Meinung. Wenn man ernsthaft mit ihm spricht und konkrete Beispiele bringt, gibt er zu, daß in Westdeutschland auch nicht alles rosig ist. Ich glaube, er vesteht viele Erscheinungen des Lebens in unserer Republik gar nicht richtig, weil er alles nur von der Oberfläche her beurteilt, **was an seiner ganzen Herkunft und Erziehung zu liegen scheint.** Weil mir diese oberflächliche Gesinnung schon lange nicht gefiel, und ich ihm das auch schon öfter gesagt hatte, sagte ich ihm am 2. Juni, daß wir zwar weiter gut miteinander auskommen könnten, aber ich ihn nicht mehr so häufig sehen wolle.

gez. „Willner"

Treffbericht

Quelle: GI „Willner"
Linie: Auslandsstudenten
Ort: Treffzimmer FMH
Zeit: 12. und 13. 8. 62
Mitarbeiter: Gen. Ltn. Leopold

*Der GI kam am 12. 8. 62, 17.00 Uhr direkt vom Bahnhof
aus zum Treff, **so daß sie den fingierten Brief in ihrer
Wohnung noch nicht gefunden haben konnte.** Sie berichtete,
daß K. ihr aus China geschrieben hat und folgenden
Absender benutzte: ...*

*K. habe sein Moped ebenfalls nach China schicken lassen,
da er es seinem Onkel schenken will. Nachdem noch einige
nebensächliche Probleme mit dem GI besprochen worden
waren, wurde der Treff beendet.*

***Am 13. 8. 62, 10.00 Uhr rief der GI den Mitarbeiter an
und teilte ihm mit, daß sie ihm etwas wichtiges zu
übergeben habe. Beim Treff übergab dann der GI unseren
fingierten Brief. Der GI erklärte dann, daß die Sache doch
nun etwas ernster aussehe, als sie es bisher eingeschätzt hat.***
*Für den im Brief als gemeinsamer Bekannter bezeichneter,
könne ja wohl nur K. infrage kommen. Sie bedauerte, daß
der Treff mit dem Westdeutschen nicht zustande kommen
konnte, da wir sonst schon einen Schritt weiter wären. Dem
GI wurde dann erklärt, daß er beim Eintreffen eines 2.
Briefes uns sofort verständigen soll. Der GI fährt am
15. 8. 62 3 Wochen in das Schulungslager des Louis-
Fürnberg-Ensembles.*

*Nach Auskunft in Leipzig wird der GI sofort die
telefonische Verbindung zum Mitarbeiter aufnehmen.*

Bericht

Betr.: Op.-Vorgang

Am 3. 12. 1962 erschien bei K. eine deutsche Person, die mit ihm gemeinsam eine Erzählung schreibt, die dann veröffentlicht werden soll.

Der Betreffende ist verheiratet, seine Frau ist Lehrerin. (Vermutlich handelt es sich um Kirsten).

Als die beiden sich das „ND" (SED-Zeitung „Neues Deutschland") vom 2. 11. 1962 ansahen, äußerte K., daß **Walter Ulbricht richtig verbrecherisch aussehen würde; daraufhin bezeichnete der Besucher Gen. U l b r i c h t als Hochstapler. Einen weiteren Genossen unserer Regierung, der auf dem Bild zu erkennen war, nannte er einen Bonzen und Kriecher.**

Da auf dem Bild noch Gen. Otto G r o t e w o h l zu sehen war, äußerte der Besucher: „Der wird noch geduldet".

K. las dann höhnisch einen Artikel des ND über den Sieg der soz. Produktionsverhältnisse vor, wobei der Besucher dreimal wütend die führenden Funktionäre unserer Partei als **„diese Verbrecher"** *bezeichnete und zum Ausdruck brachte, daß man sich jetzt von seiten unserer Regierung nicht einmal mehr getraue, Zahlen über unsere ökonomische Entwicklung zu veröffentlichen.*

GHI „Adler", der zur Identifizierung dieses Besuchers eingesetzt wurde, konnte den Betreffenden lediglich noch sehen.

Personenbeschreibung: *Es handelt sich um den Verdächtigen. Große kräftige Figur, dunkelblondes Haar.*

Maßnahme: *Mit Hilfe des GI „Willner" wird versucht, den Besucher zu identifizieren.*

Weiter berichtete der GI, daß K. als er letztens in Berlin war bei einem indonesischen Arzt mit chinesischer Abstam-

mung, Dr. Oei übernachtet hat, der in Berlin-Pankow wohnt. Weiter kennt K. in Berlin einen deutschen Mitarbeiter am Ostasiatischen Inst. der Humboldt-Universität, der dort in der indonesischen Abteilung arbeitet und vor einiger Zeit selbst 2 Jahre in Indonesien war.

Am 4. 12. 62 hat der GI nach der Durchführung des Sprachunterrichts am Ostasiatischen Inst. in Leipzig gegenüber K. seine Empörung über die Durchführung des VVN-Prozesses in Westberlin zum Ausdruck gebracht. Daraufhin erklärte K., daß es höchste Zeit ist, daß die VVN (Vereinigung der Verfolgten des Naziregimes) verboten wird, da die wirklichen Antifaschisten ja aus der VVN ausgetreten wären und sich jetzt nur die Kommunisten hinter der VVN verstecken.

Auch den Hinweis auf die fasch. Vergangenheit des Vorsitzenden des Gerichts in Westberlin bagatellisierte K. damit, daß früher in Deutschland angeblich alle Bürger Nazis gewesen sind.

Einschätzung:
Es ist festzustellen, daß der GI „Willner" im Verlaufe der Zusammenarbeit mit uns jetzt dazu übergeht, ehrlich zu berichten. *Trotzdem wurde von ihm zu den o.a. Fakten kein schriftlicher Bericht verlangt, um ihn nicht erkennen zu lassen, daß diese Hinweise für uns sehr wichtig waren.*

Maßnahmen:
1. Über die Verwaltung Groß-Berlin, Abt. V wird der indonesische Arzt und der Mitarbeiter der Humboldt-Universität aufgeklärt.

2. Gleichzeitig wird geprüft, ob in Berlin IM zur Bearbeitung der unter 1. genannten Personen vorhanden sind.

Auftrag:
1. Der GI soll den Beschuldigten weiterhin regelmäßig besuchen, um weitere konkrete Fakten zur Nachweisführung der ideologischen Diversion von seiten des Beschuldigten zu erarbeiten.

2. In den Gesprächen mit dem Beschuldigten soll der GI weiterhin die Bekannten des K. in Berlin und Leipzig genauer aufklären. Nächster Treff: 18.12.1962 – 15.00 Uhr

Bezirksverwaltung Leipzig　　　*Leipzig, den 27. 11. 1962*
– Abteilung V/6 –

Bei E Ruf CA 4313 – 57149 – B – 1934　　　Dies ist
Wenn „Wall" —— *6794; 3216 – 87545 – Westf.*　　auch für
Regel: 631E 4 – B-514XY2 – DB 1426　　　den
　　E134 – KBO; 3874CDXM – 0024　　　Autor
　　4TE – 4 – 356 – C9943 – 0Y34 WB.　　unklar!

Weiterhin wurde dem GI bekannt, daß Bothas und der Beschuldigte in brieflicher Verbindung stehen. Nach den Angaben von K. soll Bothas in Hamburg sein.

Weiterhin hat K. Verbindung zu einer älteren Dame im Demokratischen Sektor von Berlin. Sie heißt Bothas (60 Jahre) und soll Bücher über Indonesien schreiben. Sie hat K. bereits Geld geborgt und will lettischer Nationalität sein.

K. ist am 22. 11. 62 für 3 – 4 Tage nach Berlin gefahren. Er erzählte dem GI, daß er dort Einkäufe tätigen will. Weiterhin berichtete der GI, daß K. im Juni als sie ihn in seiner Wohnung besuchte, sich eine Rede von Adenauer anhörte. Trotz mehrmaliger Aufforderung durch den GI hat er das Radio nicht abgestellt, sondern sogar A d e n a u e r anschließend sehr gelobt.

Da der GI zum Ausdruck brachte, daß sie K. gesagt habe, sie würde sich auf ein intimes Verhältnis nicht einlassen, man solle lediglich als Freunde zusammen verkehren, wurde festgelegt, daß der GI dies in Zukunft nicht so offen K. gegenüber zum Ausdruck bringen soll, da sich dadurch der Kontakt verschlechtert. Der GI soll sich so verhalten, daß K. weiterhin die Hoffnung auf ein intimes Verhältnis behält.

Bei politischen Gesprächen ausführliche Berichte über die Auffassung des K. anfertigen.

Einschätzung:

Der GI ist nicht restlos ehrlich. Er berichtete, daß K. sich einen Trabant kaufen will. Daß er dazu aber Westgeld vorher in unsere Währung tauschen will, berichtete der GI nicht, obwohl K. ihr dies erzählt hat.

Flugblätter in Leipzig

Der Löwenanteil meiner 1000-Seiten gefundener Stasi-Akten betrifft meine „staatsfeindliche Hetze" sowie „ideologische Diversion" sowohl in Form von pro-chinesischen als auch pro-westlichen Äußerungen, scharfer Kritik am real existierenden Sozialismus in der DDR, in der Sowjetunion aber auch in China. Nachdem ich mit deutschen Studenten die Zwangskollektivierung in den Dörfern der DDR als „Agitatoren" erleben durfte, beschlossen einige deutsche Freunde und ich in einem Flugblatt, das über eine Deckadresse (Uhlendorf) nach Hannover geschickt wurde, den RIAS über die Stimmung an der Leipziger Universität zu informieren. Dieses Flugblatt ist wahrscheinlich nie dort angekommen, es ziert jedoch meine Stasi-Akte. In diesem wie auch in anderen Fällen wurde ich als Mit-Urheber solcher „staatsfeindlicher Aktionen" verdächtigt.

Während der Untersuchungshaft, die immerhin 18 Monate dauerte und meines Mammutprozesses, der geheim war, kam jedoch mit keiner Silbe das Thema „staatsfeindliche Hetze" oder „ideologische Diversion" zur Sprache. Ich bin auch nicht wegen dieser Delikte verurteilt worden.

Offensichtlich wollte die DDR-Justiz, wahrscheinlich auf Weisung der Parteipolizei Stasi in meinem wirklich besonderen und einmaligen Fall vermeiden, daß die der SED letztendlich sehr peinlichen Auseinandersetzungen zwischen China und der Sowjetunion zur Sprache kamen. Auch sollten die Aktivitäten oppositioneller Studenten in Leipzig im Falle eines ausländischen Angeklagten lieber nicht protokolliert werden. Allerdings war alles fein säuberlich in meinen Stasi-Akten vermerkt, wie folgende Berichte verdeutlichen. Aber zumindest nach außen sollte das Thema Widerstand und Opposition in der DDR nach dem Mauerbau heruntergespielt werden und nicht einmal in einem Geheimverfahren erörtert werden. Anders natürlich bei DDR-Bürgern, vor allem wenn mit einer Entlassung in die mauerumzäunte Heimat gerechnet werden konnte. Erst 1964 begannen Freikäufe in den Westen und bekanntlich versuchten der oberste Menschenhändler Vogel und leider auch seine West-Kollegen allen Freigekauften einen Maulkorb anzulegen, mit dem heuchlerischen Satz: „**Sie schaden ja Ihren Kameraden, die noch in der DDR inhaftiert sind, wenn Sie hier über Ihre Erlebnisse berichten.**" Lediglich Löwenthals ZDF-Magazin, die Springer-Presse und die Internationale Gesellschaft für Menschenrechte, brachen dieses Tabu. Dafür wurden sie bis zur Wende und auch danach (!) als „Entspannungsfeinde, Kalte Krieger" usw. diffamiert.

Hier ein Beispiel aus einem Stasi-Bericht für die damalige Opposition an der ruhmreichen „Karl-Marx-Universität" in Leipzig:

„*Im gleichen Zeitraum wurde durch die Abteilung M ein Hetzbrief konfisziert, in dem die Verhältnisse in der DDR verleumdet werden und der mit der Aufforderung, ihn an den RIAS zur Verlesung weiterzuleiten, an einen gewissen Uhlendorf, Hannover an der Bismarckschule 10, adressiert ist. Gleichzeitig fordert der Absender, den Kampf gegen die DDR zu verstärken.*

Dieser Hetzbrief ist in gleicher Weise wie der Drohbrief unterschrieben und enthält die Adresse des Ausländerheimes in der Nürnberger Straße als Absender.

*Durch den GI „Dieter Lempe" wurde bekannt, daß in der ersten Dezemberwoche im Ausländerheim in der Nürnberger Straße K. **unter den ausländischen Studenten und deutschen Betreuern eine Stellungnahme des ZK der albanischen Partei der Arbeit zum XXII. Parteitag der KPdSU verbreitete, in der die sowjetischen Genossen aufs Gröblichste verleumdet werden.** Dies ist auch dem Betreuer D. und dem Griechen Gegas bekannt. Mit Gegas wohnte K. bisher gemeinsam in einem Zimmer.*

Er ist in politischer Hinsicht ebenfalls negativ."

An die Studentenschaft der Deutschen Bundesrepublik

„Wir erhielten von dem Protestbrief der Studenten der Berliner Humboldt Universität Kenntnis. Um nicht den Eindruck entstehen zu lassen, daß dies ein Einzelfall sei, haben wir uns, eine Studenten-Gruppe der Karl Marx Universität Leipzig, entschlossen, unsere Meinung über die Maßnahmen und Zustände nach dem 13. August an der Universität darzulegen. Wir haben Beweise dafür, daß die überwiegende Mehrheit der Studentenschaft ebenso denkt wie wir. Nun geben wir Ihnen einen Tatsachen- und Situationsbericht an der Universität Leipzig. Bereits vor Semesterbeginn, erhielten verschiedene Studenten seitens der FDJ-Leitung Briefe, die im befehlsmäßigen Tone gehalten waren. Mit der Aufforderung, sich sofort mit konkreten Taten dem Kampfappell der FDJ anzuschließen und sich bei den Leitungen zu melden zu Semesterbeginn, fanden Kampfappelle statt. Dort sagte man, daß die Zeit des „Akademischen Gequassels" vorbei sei und Erscheinungen wie „Petöfi Clubs" nicht geduldet werden. Heute gelten folgende Punkte der Staatsratserklärung „schlagt die Provokateure, wo ihr sie trefft, mit Provokateuren diskutieren wir nicht. Wir schlagen zu". Die Praxis sieht so aus: alle Studenten verpflichten sich, bedingungslos, den Kampfappell der FDJ zu erfüllen (sofortiger Eintritt in die Armee, wenn die Partei ruft, Mädchen auf zwei Jahre in die Produktion), Bildung von FDJ Ordnunsgruppen (Rote Armbinde und Judoausbildung), tragen des Blauhemdes bis zum Friedensvertrag (hat sich nicht durchgesetzt). Im Falle der Weigerung, den Appell zu unterschreiben, erfolgt Exmatrikulation. Einige Beispiele dazu: Ca. 40 Studenten von der Medizinischen- sowie von der Landwirtschaftlichen Fakultät sind exmatrikuliert worden. Von anderen Fakultäten fehlen uns die Zahlenbeispiele. Die ideologische Säuberung machte auch vor dem Studenten-Kabarett „Rat der Spötter"

nicht halt. Gegen die eine Häflte läuft ein Parteiverfahren. Die anderen sind verhaftet.

Bevor wir in den mehrwöchigen obligatorischen Ernteeinsatz fuhren, erhielten alle Studenten eine 6 Tage dauernde politische Schulung über die Maßnahmen der Regierung und Fragen der Kollektivierung der Landwirtschaft. Der Höhepunkt der Woche war der sog. „Wahleinsatz". Wir Studenten wurden als „Wahlschlepper" und Agitatoren (Sprechchöre) eingesetzt. („Wir brauchen keinen Vogelbauer für den Verbrecher Adenauer. Ein Vogelbauer ist zu klein. Ein Raubtierkäfig muß es sein") usw. Nun fuhren wir mit Sonderzügen in den Ernteeinsatz. Als besondere „Ehre" wurden den einzelnen Gruppen Parteibeobachter zugeteilt. Wir hatten dort neben den ökonomischen Aufgaben auch moralisch-politische Pflichten (Hebung der Arbeitsmoral = Forcierung der Arbeit der Bauern – von der „Gefährlichkeit" des Westfernsehens überzeugen – tägliche Leistungs- und Stimmungsberichte – abends Tagesauswertung und Zeitungsschau). Ein Unbeteiligter kann sich schwer vorstellen, wie es nach 8–9 stündiger Arbeit (auch Sonntags) in uns aussah, wenn wir bei einbrechender Dunkelheit auf die Höfe der Bauern gehen mußten, um ihnen eine Sache nahe zu bringen, von der wir selbst nicht überzeugt sind. Wir haben natürlich versucht, den Bauern deutlich zu machen, daß wir auch nur auf höheren Befehl kommen. Die große Verbitterung der Bauern zeigte sich in ihren Antworten. Ein großer Teil der Bauern lehnte es ab, sich zu verpflichten, kein Westfernsehen zu sehen. Ein anderer Teil unterschrieb aus Angt vor Repressalien. Nachts wurden Wachen aufgestellt, damit uns die „Bonner Ultras" kein Leid antun konnten. Da wir in leitenden Funktionen tätig sind, konnten wir beobachten, daß in vielen Dörfern die Studenten stark dem Alkohol zusprachen. Mehr aus Verzweiflung als aus Freude. Viele Studenten versuchten sich durch hohe Arbeitsleistung („Flucht in die Kartoffeln", Funktionärsjargon) von politischen Einsätzen zu bewahren. Auch dies wurde von den Funktionären offensichtlich mißbilligt. Eine Gruppe die den Gottesdienst eines Pfarres besucht hatte, der am 17. nicht wählen war, wurde schweren Repressalien ausgesetzt. Wer aber geglaubt hatte, daß sich die Lage nach dem Ernteeinsatz beruhigen würde, sah sich getäuscht. „Ideologische Windstille" wird nicht geduldet, man strebt in verstärktem Maße die „Klassenmäßige Erziehung" der Studenten an, sowie die Anerziehung eines bedingungslosen, aber bewußten Vertrauens in den „Landesvater" (mit Ulbricht durch Dick und Dünn). Schlagworte wie „Ideologisches Grenzgängertum – politisches Analphabetentum" sind jetzt an der Tagesordnung. So bezeichnet man besonders die Orientierung auf westliche wissenschaftliche Literatur als ideologisches Grenzgängertum und predigt überall die Ausrichtung auf sowjetische Literatur. Der größte Teil der Studenten verhält sich so passiv wie möglich (trotz Druck sind die Vorlesungen oft schlecht besucht – in Marxismus-Leninismus). Viele versorgen sich mit westlicher Literatur über Bekannte in der Bundesrepublik usw. Für die meisten Studenten ist dieser Druck, tätig und aktiv zu sein, nicht nur eine Frage ihres Gewissens, zugleich eine Frage der Zeit. Viele Linksorientierte sind mit Aktivierung gerade deshalb nicht einverstanden, weil ihnen dazu Zeit und wissenschaftliche Arbeit genommen wird, wie man uns oft versicherte.

Zum Schluß bitten wir Sie um folgendes: Erweitern Sie die Programme der Rundfunk- und Fernsehsender, wissenschaftlich und politisch. Lassen Sie führende Wissenschaftler zu philosophischen, künstlerischen und technischen Problemen Stellung nehmen. Geben Sie den Sendungen von den Zuständen in der Zone noch mehr Raum und betonen Sie mehr den geistigen als den materiellen Notstand. Betonen Sie besonders die Gleichheit des Zonenregimes mit dem Hitlerstaat. Sprechen Sie vom Roten Faschismus. Denn dies können die Kommunisten überhaupt nicht vertragen. In so einem Falle heulen sie auf, wie getroffene Hunde.

Wir verurteilen ein Regime, das die primitivsten Menschenrechte mit Füßen tritt, das mit unverschämter Heuchelei behauptet, die Mehrheit des Volkes hinter sich zu haben, das gestützt auf die Waffen der Sowjets das Deutsche Volk immer tiefer in die Spaltung führt und behauptet, der einzig *rechtmäßige Staat in Deutschland zu sein. Wir protestieren gegen die Maßnahmen des Roten Diktators Ulbricht und verabscheuen die Errichtung der Schandmauer in Berlin.*

Leiten Sie bitte dieses Schreiben umgehend an staatliche Stellen weiter. Wir bitten um Verlesung dieses Schreibens bei RIAS Berlin oder durch andere Rundfunk- bzw. Fernsehsender.

Mit besten Grüßen
Eine Studentengruppe der Universität Leipzig"

Maßnahmeplan

zur weiteren Bearbeitung der Beschuldigten im Überprüfungs-Gruppenvorgang.

1. *Zur weiteren Bearbeitung des Beschuldigten K. wird durch die Abteilung 0 die B.-Technik in das Zimmer des Bechuldigten im Ausländerinternat eingebaut.*

2. *Um weitere Anhaltspunkte für die Identifizierung des K. mit dem Schreiber des Hetzbriefes festzustellen, wird durch die Abteilung VIII der BV Leipzig* **eine konspirative Wohnungsdurchsuchung** *bei K. durchgeführt. Gleichzeitig soll* **die Existenz antikommunistischer Schriften und Adressen festgestellt werden.**

3. *Zur Aufklärung des Charakters der Verbindungen zu dem Westberliner Orthmann wird der ... durch die HA VIII ermittelt.*
   Bei Fahrten nach Berlin wird K. beobachtet.

4. *Der Hetzbrief ist an einen gewissen Uhlendorf in Hannover adressiert. Um vom Empfänger aus Rückschlüsse auf den Absender zu ziehen, wird der U. durch die HA VIII ermittelt.*
   Über den Empfänger wird Postkontrolle eingeleitet.

5. *Weiterhin wird über K., Kirsten, Schäfer und Litinski Postkontrolle eingeleitet, um weitere Verbindungen der Betreffenden in Erfahrung zu bringen.*

6. *Kirsten, Schäfer und Litinski werden durch die Abt. VIII der BV Leipzig im Wohngebiet ermittelt, um ihr dortiges Auftreten und ihre Verbindungen festzustellen.*

7. *Der GI „Dieter Lempe" erhält den Auftrag, K. im Heim unter Kontrolle zu halten und weitere Fakten für das feindliche Auftreten des Beschuldigten im Heim zu erarbeiten.*

8. *Zur weiteren Charakterisierung der Studenten Schäfer, Kirsten und Litinski werden von der Leitung der Fakultät für Journalistik ausführliche Einschätzungen über die Betreffenden beschafft.*

9. *Zur Identifizierung des Briefschreibers wird Handschriftenmaterial des K. zwecks Durchführung eines Schriftenvergleiches nach Berlin geschickt.*

10. **Durch den Genossen Thomas Nikolaou von der Fakultät für Journalistik wurde bekannt, daß K. einen griechischen Studenten stark negativ beeinflußt hat, so daß dieser sich von den griechischen Genossen völlig distanziert hat. Deshalb wird über Schlüsselpositionen mit Nicolaou eine Aussprache durchgeführt, um konkretes Material für die zersetzende Tätigkeit des K. zu erarbeiten.**

11. *Der Indonesier Calehr, Halim hat enge Verbindungen zu K. und kommt ebenfalls als Hetzbriefschreiber in Betracht. Deshalb wird über C. Postkontrolle eingeleitet. Weiterhin wird das Auftreten des C. im Wohngebiet und an der Medizinischen Fakultät aufgeklärt.*
Feststellen, ob der C. am Landeinsatz teilgenommen hat.

12. *Zur weiteren Aufklärung des Calehr wird die Geheiminformantin (GI) „Christine" mit Calehr in Verbindung gebracht.*

13. *Zur weiteren Erarbeitung der feindlichen Tätigkeit des K. wird der Geheiminformant „Siegmar" mit der ehemaligen Freundin des K. in Verbindung gebracht.*

14. *Der Beschuldigte wird durch die Abteilung VIII beobachtet, um weitere Verbindungen festzustellen sowie Möglichkeiten des Ansetzens von IM.*

Handschriftlicher Vermerk:
„Operative Kombinaton zum Einschleußen der IM".

Die „Mordgrenze"

In zahlreichen IM-Berichten wird korrekt wiedergegeben, wie ich über die Mauer dachte. Sie war meiner Meinung nach eine „Mordgrenze", an der unschuldige Menschen von machtbesessenen Kommunisten daran gehindert wurden, das große Gefängnis DDR zu verlassen. Die Sklaven des Ulbricht-Reiches mußten weiter zum „Aufbau des Sozialismus" zwangsverpflichtet werden.

Als die Nachricht vom Mauerbau auch in Eisenhüttenstadt bekannt wurde, fuhr ich sofort nach Leipzig zurück. Eine dumpfe Resignation hatte sich im ganzen Staat DDR breit gemacht. Mit finsteren Mienen liefen die Menschen wie verschreckte Ameisen hin und her. Die mißtrauischen Blicke wurden noch mißtrauischer, die Gespräche verstummten überall, wenn ein Fremder hinzukam. Denn nunmehr war der Fluchtweg zubetoniert.

Als konfuzianisch erzogener Chinese war ich über die Brutalität dieser Mauer entsetzt und sprachlos. Hatten doch die SED-Funktionäre bislang in Diskussionen, wenn es um die Massenflucht ging, die Frage aufgeworfen: *„Ja, wir können als humane Sozialisten und Kommunisten doch niemanden gewaltsam daran hindern, wenn er zu seinen Verwandten nach Westdeutschland will?"* Nach dem 13. August konnten das dieselben Genossen sehr wohl, sie schossen rücksichtslos auf wehrlose Männer, Frauen, sogar Kinder.

Ulbricht und Genossen haben mit dem Bau der Mauer aus konfuzianischer Sicht das „Mandat des Himmels" – sofern sie je eines hatten! – verwirkt. Denn die Fürsten im Politbüro handelten nicht zum Wohle des Volkes, sondern mißbrauchten auf das Schädlichste die ihnen allerdings nicht vom Volke, sondern von sowjetischen Bajonetten ausgeliehene Macht. Dabei war ihnen Mord als Mittel der Machterhaltung absolut recht.

Da ich selber als Ausländer nach West-Berlin fahren konnte und auch recht häufig davon Gebrauch machte, war ich nicht einmal direkt betroffen. Weshalb habe ich diese DDR nicht verlassen, die ich zunehmend ablehnte? Dies hatte ich in der Tat vor, kurz vor meiner Verhaftung, Ende 1964 war es sogar amtlich, ich wollte mit Genehmigung der chinesischen Botschaft nach West-Berlin legal übersiedeln. Meinen Umzug hat die Stasi aber bekanntlich um sieben-einhalb Jahre verzögert, wenn auch nicht verhindern können...

Wenn jetzt manche Publizisten Krokodilstränen vergie-ßen, weil der arme, alte, kranke Honecker wegen der Morde an der Mauer vor Gericht saß – unter sanatoriums-artigen luxuriösen Bedingungen – so mögen sie an die zahlreichen Maueropfer denken, deren zumeist junges Leben eben von diesem alten, angeblich kranken Mann rücksichtslos „vernichtet, liquidiert" wurde, damit er und seinesgleichen ungestört ihr protziges Leben in Wandlitz weiterführen konnten. Heute genießt der Massenmörder nach seiner pompösen Fahrt zum Flughafen Tegel und 1. Klasse-Flug die Sonne Chiles...

*„So wurde durch einen IM der Abteilung 0 bekannt, daß er im **Beisein von deutschen Studenten in seiner Wohnung die Hetzreden Adenauers und andere Hetzsendungen wiederholt abhört sowie gegen die Preispolitik der DDR, gegen die Maßnahmen vom 13. 8. 61, gegen die Außen- und Innenpolitik der SU und gegen die Kollektivierung in der Landwirtschaft hetzt.***

*Derartige hetzerische Äußerungen machte er besonders gegenüber der **Studentin Mutscher,** die zu ihm enge Verbindung hat, aber wiederholt von ihm forderte, derartige Sendungen und Diskussionen in ihrem Beisein nicht zu hören bzw. zu führen. Griechische Studenten haben fest-gestellt, daß K. gemeinsam mit Kirsten in der Wohnung von K. **faschistische Literatur** lesen. Außerdem wurde von den Personen, die bei K. in der Wohnung verkehren, noch der bereits erwähnte Schäfer bekannt. Kennzeichnend für das Verhalten des Beschuldigten ist weiterhin, daß er Personen, die ihn besuchen, Ratschläge gibt, auf welchem Wege man nach dem 13. 8. 61 die DDR verlassen könne. Wobei er die*

Möglichkeit nannte, **nachts mit einem Motorboot** *von der Ostküste nach Schweden zu fahren.*

Gegenüber solchen Personen und der Mutscher **lobte er die politische Haltung Adenauers** *und bezeichnete demgegenüber die Grenze als* **Mordgrenze,** *wobei er sich noch an Hand von Artikeln westdeutscher Zeitungen über den Mord an Peter Göring belustigte. Westdeutsche Zeitschriften werden des öfteren in der Wohnung des K. ausgewertet, wobei der dabei anwesende Personenkreis bisher nur teilweise bekannt ist.*

Bericht

Betr.: *Vorgang*

Am 16. 12. 62 wurde der Beschuldigte K. von der Studentin Ingeborg Brater in seiner Wohnung besucht. K. begann sofort wieder das Gespräch auf die Auseinandersetzung mit Albanien zu lenken und war bestrebt, die Politik der SU und Gen. CHRUSCHTSCHOW persönlich in jeder Weise zu diffamieren.

Zunächst erklärte er, daß das ND („Neues Deutschland", SED-Zentralorgan) den Genossen und Bürgern der DDR die Stellungnahmen Chinas vorenthalten würde.

CHRUSCHTSCHOW habe mit seiner letzten Rede vor dem Obersten Sowjet großen Schaden angerichtet, weil er sein soz. Land wie Albanien verunglimpft hat.

Dann führte er weiter aus, daß CHRUSCHTSCHOW kein echter Kommunist wäre, weil er aus Angst mit der Kritik an Stalin erst nach seinem Tode begonnen habe. „Er hat gewartet, bis Stalin tot ist, ehe er seine Verleumdungen über den alten Mann begonnen hat." Dabei habe Stalin eine richtige Politik gemacht. Wenn CHRUSCHTSCHOW mit seinen Kompromissen schon während des II. Weltkrieges Vorsitzender der Partei gewesen wäre, wäre die SU erledigt worden. Der XX. Parteitag der KPdSU habe die Konterrevolution in Ungarn bewirkt, sie habe die Unruhen verursacht und dem internationalen Kommunismus ein schlechtes Werk getan.

In Westeuropa würde es viele bekannte Kommunisten geben, die deshalb aus der Partei ausgetreten sind. Weiterhin brachte er zum Ausdruck, daß es ganz natürlich sei, daß CHRUSCHTSCHOW Fehler macht, denn er habe ja alle alten Kommunisten wie MOLOTOW, STALIN, WOROSCHILOW und BULGANIN abgesägt.

So bezeichnet K. und Kirsten in ihren Gesprächen des öfteren W. ULBRICHT und andere führenden Gen. unserer Repubik als „Verbrecher und Hochstapler".

Außerdem wurde bekannt, daß sie gemeinsam fasch. Literatur (Werke über oder von HITLER) lesen.

Als Kirsten K. gegenüber im Dezember 1962 zum Ausdruck brachte, daß er es in der DDR satt habe, machte ihm K. den Vorschlag, er solle doch abhauen, konnte ihm allerdings keinen Weg nennen.

Durch Berichte der IM „Peter Lespe" und „Willner" sowie durch Berichte der Abteilung 0 wurde festgestellt, daß der zersetzende Einfluß von seiten des K. vor allem in folgender Richtung ausgeübt wird.

1. Negierung aller ökonomischer Erfolge des soz. Lagers, besonders der SU und der DDR.

2. Diffamierung der Personen und der Politik der Partei und Regierung der DDR.

3. Hetze gegen die Politik der SU, vor allem gegen Gen. CHRUSCHTSCHOW

4. Verherrlichung der Verhältnisse in WD (Westdeutschland) und den anderen kap. Ländern sowie der Politik von ADENAUER, den er als politisches Genie bezeichnet.

5. Gemeinsames Abhören von Westsendern (vorwiegend Nachrichtensendungen) mit deutschen Studenten, auch gegen den Willen der Betreffenden und Verbreitung feindlicher Argumente sowie Propagierung des Abhörens von derartigen Sendungen.

6. Konstruieren von Widersprüchen zwischen den soz. Ländern vor allem zwischen der Politik der DDR und der SU.

7. Konstruktion von Gegensätzen in der Parteiführung der SED.

8. Verherrlichung der Politik Albaniens und der chinesischen Genossen.

9. Verbreitung von Gerüchten (z.B., daß der Fleischmangel in der DDR auf Fleischexporte zurückzuführen ist).

10. Hetze gegen die Maßnahmen vom 13. 8. 61 **„Die Mauer ist keine Friedensgrenze, sondern eine Mordgrenze."**

Mein Vater kaufte zwei Tafeln Schokolade

Im Jahre 1962 besuchte mich mein Vater in Leipzig. Er kam aus der Tschechoslowakei, wo er Gast des dortigen Journalistenverbandes war. Von Ost-Berlin aus wollten wir zusammen nach China reisen. Auch dieser Besuch wurde von der Stasi sowohl hauptamtlich als auch durch IM's total überwacht, wie Observierungsberichte und sogar Fotos von uns beiden verdeutlichen, die ich in meinen Akten fand.

Das Ergebnis dieser Observierung war für die Stasi sehr mager, einige Berichte können Sie hier nachlesen. Bei der Hauptverwaltung Aufklärung war mein Vater „unbekannt", da waren die tschechischen Genossen tüchtiger. In Prag wurden meinem Vater einige Bücher aus seiner Feder vorgelegt …

In mehreren Observierungsberichten wurde vermerkt, daß ich „stark humpelte". Die Stasi hat offenbar den Grund nicht mitgekriegt: ich wurde von einem Motorrad angefahren und verstauchte mir einen Fuß. Während die Leipziger Ärzte meinten, es würde Monate dauern, ehe ich das Leiden wieder los würde, riet mir ein chinesischer Arzt in Leipzig, den Fuß in China mit traditionellen Mitteln zu kurieren. In Schanghai tat ich dies und die Wirkung war in der Tat verblüffend.

Das einzige, was die Stasi herausbekam, war ein Streit mit der DDR-Lufthansa, die sich weigerte, DDR-Geld für das Ticket meines Vaters von mir anzunehmen, er sollte in Dollar bezahlen. Mein Vater durfte aber damals keine Devisen außer Landes bringen.

Ergrimmt registrierte die Stasi meine Bemerkung, daß die „DDR in zehn Jahren vielleicht nicht mehr existiert". Allerdings dauerte es in der Tat noch 30 Jahre, ehe dieses „Phänomen" wie Atlantis für immer verschwand.

Mein Vater selber schrieb 1965 ein Buch über unsere Reise von Prag-Leipzig-Ost-Berlin nach China mit dem

Titel „50 000 Kilometer in 100 Tagen". Über seine Eindrükke im geteilten Deutschland schrieb mein Vater u.a.:

„In der Tschechoslowakei habe ich kaum politische Losungen gesehen, aber in Ostdeutschland sah ich an jedem öffentlichen Gebäude und in allen Straßen Losungen aller Art, damit das Volk fleißig arbeitet, damit der Sozialismus endlich siegt.

Möglicherweise ist Ostdeutschland das Land mit den meisten Losungen auf der ganzen Welt.

In mancher Hinsicht ist Ostdeutschland noch nicht völlig von den Kriegsfolgen geheilt. Fleisch und Eier sind nur schwer zu bekommen, lediglich Brot und Milch sowie einige Gemüsesorten gibt es genügend. In den Restaurants und Hotels gibt es zwar genug zu essen, aber nicht selten gibt es nur ein einziges Gericht. So aßen wir eines Tages im Hotel Hochstein in Leipzig: das einzige was es gab, war Gulasch!

Um ein Radio, Auto oder eine Kamera zu kaufen, muß man lange, zum Teil jahrelang warten.

Auch gibt es zu wenig Ärzte, weil viele nach Westdeutschland geflohen sind." In Ost-Berlin wurden mein Vater und ich von der Stasi minutiös beobachtet, aber mehr, als daß mein Vater zwei Tafeln Schokolade kaufte und ich zwei Grogs trank, ist nicht herausgekommen ...

Oder daß die Botschaft der Volksrepublik China uns beiden großzügig gegen die DDR-Bürokratie und Gier nach Westgeld half. Zu unseren von der Stasi registrierten Besuchen in Botschaften in Ost-Berlin schrieb mein Vater in seinem Buch, das er sehr vorsichtig formulierte, da ich ja noch in der DDR war:

„Ein Visum für die Volksrepublik China war kein Problem, aber in der mongolischen Botschaft verbrachten wir Stunden. Schließlich sollten wir 40 Mark nur für ein Transitvisum durch die Mongolei zahlen. Als wir jedoch erwähnten, daß weder China noch die Sowjetunion Visagebühren verlangt hätten, wollten auch die Mongolen dem nicht nachstehen und verzichteten auf die Gebühren.

Als die Visafrage geregelt war, gab es noch ein schwieriges Problem, als Ausländer sollte ich mein Ticket in Dollars zahlen. Erst mit Hilfe der Chinesischen Botschaft erhielt ich mein Ticket.

Vor unserer Abreise nach China lud uns die Botschaft in Karlshorst zu einem Mittagessen in den Räumen der Vertretung ein.

Nicht nur dieses: die Chinesische Botschaft (in Ost-Berlin) veranlaßte, daß wir auf dem Moskauer Bahnhof von dortigen Diplomaten abgeholt und mit Rubeln versorgt würden.

Die Rückfahrkarte von Berlin nach China inklusive dreier Mahlzeiten an neun Tagen kostete nur 1200 Mark."

Wie die Stasi richtig registrierte, wurde mein Vater von der Chinesischen Botschaft äußerst zuvorkommend und als Ehrengast behandelt, da er natürlich als prominenter auslandschinesischer Zeitungsherausgeber wohl bekannt war. In Moskau und später in Peking wurde uns immer ein „großer Bahnhof" bereitet ... Dennoch habe ich auch in China alsbald die Schattenseiten gesehen: neben unvorstellbarem Luxus für die Funktionäre mit ihren üppigen Banketten und Festlichkeiten, große Armut und Hungersnot für das einfache Volk. Das einzige, was mir am Maoismus zusagte, waren die Unabhängigkeit von Moskau und die stolze nationale Haltung. Welch ein Unterschied zu der Kriecherei der SED-Kommunisten in den jeweils aktuellen sowjetischen Hintern ...

Deswegen auch meine bissigen Bemerkungen zum Verhältnis Pankow-Moskau, was meine Stasi-Spitzelinnen bis zum Überdruß meldeten.

Regierung der
Deutschen Demokratischen Republik
Ministerium für Staatssicherheit

Verwaltung: L e i p z i g

Abteilung: VIII

Referat: I

Sachbearbeiter:

Telefon:

Der Bundesbeauftragte für die
Unterlagen des Staatssicherheitsdienstes
der ehemaligen
Deutschen Demokratischen Republik
Postfach 1199, O-1086 Berlin

Geheim

1 2 1

Leipzig, den 15. August 1962

-/

An die Abteilung   V – Gen.

Verwaltung L e i p z i g
des Ministeriums für Staatssicherheit

Beobachtungsbericht

Für den 31. Juli 1962   von 6.00 Uhr   bis   Uhr

Objekt: " I n d o "

Am 31. 7. 1962

6.00 Uhr wurde die Beobachtung am Wohngrundstück am Internat für Ausländer Leipzig C 1, Nürnbergerstr. 48 aufgenommen. 9.30 Uhr verließ „Indo" in Begleitung einer männl. Person (Asiate) das Wohngrundstück. Beide trugen je einen Koffer und liefen zur Haltestelle der Linie 16 am Bayrischen Bahnhof. Mit der ankommenden Bahn der Linie 16 fuhren sie bis Hauptbahnhof. Sie entstiegen der Bahn und betraten 9.45 Uhr den Hauptbahnhof durch den Mittel-eingang. In der Ladenstr. gab „Indo" an der Gepäck-annahme die beiden Koffer auf. „Indo" fragte den Angestellten an der Gepäckannahme, ob die beiden Koffer bis morgen früh in Berlin sind, welches ihm bestätigt wurde. Der Angestellte verlangte von „Indo" die Fahrkarte nach Berlin zu sehen, worauf ihm „Indo" erwiderte, er habe sie nicht bei sich. Anschließend betraten sie 9.50 Uhr das Postamt auf dem Querbahnsteig. Hier hob „Indo" von einem Postsparbuch Geld ab. Nach Verlassen der Post

97

betraten sie den Schalter für Geldwechsel in der Ladenstr. Danach kaufte „Indo" am Fahrkartenschalter in der Osthalle zwei Fahrkarten nach Berlin im Werte von 32,40 DM. Beide verließen den Hauptbahnhof und fuhren mit der Linie 26 bis zum Bayrischen Bahnhof. Nach Verlassen der Straßenbahn begrüßten sie an der O-Bus Haltestelle in der Nürnbergerstr. eine ältere männl. Person (Asiate).

Nach kurzer Unterhaltung betraten alle drei Personen das Internat 10.30 Uhr. 19.15 Uhr verließ „Indo" das Institut und betrat das Hotel „Hochstein" Bayrischer Platz, durch den Seiteneingang. Nach 15 Min. verließ er das Hotel und betrat wieder das Institut.

19.30 Uhr wurde die Beobachtung am Wohngrundstück unterbrochen. 3.30 Uhr wurde die Beobachtung am Wohngrundstück wieder aufgenommen. Alle Züge, die in Richtung Berlin fuhren, wurden vom 31. 7. 19.45 Uhr bis 1. 8. 1962 6.15 unter Beobachtung gestellt.

5.30 Uhr verließ „Indo" in Begleitung der älteren männl. Person vom Vortag das Institut. Beide begaben sich zur Straßenbahnhaltestelle am Bayrischen Bahnhof. Hier übergab die männl. Person an „Indo" einen grauen Campingbeutel. Mit der ankommenden Bahn der Linie 16 fuhren sie bis zum Hauptbahnhof. Sie betraten den Bahnhof durch die Westhalle und liefen auf den Bahnsteig zum bereitstehenden Zug nach Berlin Ostbahnhof, welchen sie 5.45 bestiegen.

Besonders auffallend war, daß „Indo" stark hinkte.

1. 8. – 8.20 Uhr bis 4. 8. 1962 10.00 Uhr in Berlin

Am 1. 8. 1962

8.20 Uhr wurde uns „Indo" mit seinem Vater auf dem Bahnhof Berlin-Schöneweide übergeben, als sie den D-Zug aus Leipzig kommend verließen und zur Straßenbahnhaltestelle gingen (als Gepäck hatten sie einen Camingbeutel bei sich). Beide bestiegen die Straßenbahn der Linie 69 E und *fuhren zur Endstelle (Johannesthal). Hier fragten sie den Schaffner wie sie zur **Treskow-Allee kommen.** Dieser sagte, da müssen sie wieder aussteigen. Dieses taten sie auch und verließen die Straßenbahn in der Hermann-Duncker-Str. (ehem. Treskow-Allee) wo sie das Objekt **der Chinesischen Botschaft gegen 9.00 Uhr** betraten.*

11.00 Uhr kamen sie hier wieder raus und bestiegen die Taxi pol. Kennz. IU 91–75. Diese war kurz vorher vorgefahren. Unter den Linden verließen sie die Taxi und betraten das Objekt der Sowjetischen Botschaft (11.20 Uhr).

Gegen 12.20 Uhr verließen sie diese und gingen zum Linden-Hotel in der Friedrichstr., wo „Indo" nach einem Zimmer fragte. Da hier nichts frei war, gingen sie zum Hotel Genfer Hof in der Klara Zetkin-Str., Ecke Friedrichstr. Hier mietete er ein 2-Bettzimmer für 2 aber höchstens 3 Tage.

12.45 Uhr verließen „Indo" und Vater das Hotel und gingen zur Mitropa-Gaststätte „Franziskaner" am S-Bahn-hof Friedrichstr., wo sie Mittag aßen.

13.25 Uhr verließen sie diese, kauften in den daneben gelegenen Geschäften noch Schokolade und Backwaren. Anschließend gingen sie wieder zum Hotel.

16.30 Uhr kam „Indo" raus und holte sich am Zeitungs-kiosk kleine Broschüren und ging dann zurück zum Hotel.

*17.50 Uhr kamen beide aus dem Hotel und gingen zur Gaststätte Schildkröte in der Klara-Zetkin-Str., wo sie etwas aßen. Diese verließen sie gegen 18.25 Uhr und gingen zum Hotel. **19.30 Uhr verließ „Indo" das Hotel und ging zum Bahnhof Friedrichstr., wo er zwei Stückchen Torte kaufte und den Fahrplan studierte.** Danach humpelte er zum Hotel, welches er gegen 20.20 Uhr betrat. Da beide bis 21.00 Uhr nicht wieder raus kamen und **ausgezogen im Zimmer zusehen waren, (3 Treppen rechts)** wurde die Beobachtung zu diesem Zeitpunkt am Hotel unterbrochen, und **die Züge in Richtung Brest 23.32 Uhr und nach Moskau 0.21 Uhr am Ostbahnhof abgesichert.***

Am 2. 8. 1962

7.00 Uhr wurde die Beobachtung am Hotel fortgesetzt. 8.00 Uhr verließen beide das Hotel und gingen zum „Hinter dem Gießhaus" Ecke Am Zeughaus, wo sie 8.15 Uhr das Ministerium der DDR für Auswärtige Angelegenheiten betraten.

8.45 Uhr verließen sie dieses, gingen zum Pugamon-Museum (richtig: Pergamon-Museum!) am Kupfergraben, welches sie 9.00 Uhr betraten. 9.30 Uhr verließen sie dieses und gingen zum Hotel, welches sie gegen 10.00 Uhr betraten.

10.20 Uhr kam „Indo" mit einer weibl. Person aus dem Hotel (diese wird als V 1 bezeichnet) und ging zur Deutschen Noten Bank in der Friedrichstr. Hier löste „Indo" einen Scheck ein, der Betrag konnte nicht festgestellt werden.

10.50 Uhr verließen sie die Deutsche Noten Bank und gingen zur Marienstr. Nr. 19/20 Chemiekontor.

Hier kamen sie 12.30 Uhr wieder heraus und gingen zum Hotel. Nachdem sie es nur kurz betreten hatten, kam „Indo" mit Verb. 1 wieder raus und gingen zur Französischen Str., wo sie die HOG-Lucolus (korrekt: Lukullus), wo beide zu Mittag aßen. 13.50 Uhr verließen sie die HOG, Verb. 1. zeigte „Indo" den Weg zur Post und ging dann zum Hotel. „Indo" ging die Französische Str. entlang und betrat hier vor der Post den Aufbau Verlag Französische Str. 32. 14.50 Uhr verließ er diesen und ging zum Hotel.

17.45 Uhr kam er mit Vater wieder raus. Sie gingen jetzt zum Postamt am Bahnhof Friedrichstr., wo „Indo" 1000,– DM vom Postsparbuch abholte. Anschließend gingen sie zum Restaurant „Sofia" in der Friedrichstr., wo sie zum Abendbrot aßen.

Gegen 18.45 Uhr verließen sie das Restaurant, gingen zum Bahnhof Friedrichstr., wo sie die S-Bahn in Richtung Grünau bestiegen. Am Ostbahnhof stiegen sie aus und gingen zur Expreßgut-Abteilung. Auf diesem Wege zeigte „Indo" auf das Schild am Bahnsteig B, auf dem die Abfahrtszeit des Moskauerzuges 0.21 Uhr stand.

Bei der Expreßgutabteilung schaute „Indo" nur, ob die Koffer schon dort waren. Anschließend gingen sie zur S-Bahn und fuhren zur Friedrichstr. Nachdem sie die S-Bahn verlassen hatten, kaufte „Indo" noch 2 Stück Torte und beide betraten gegen 19.45 Uhr das Hotel.

20.40 Uhr verlosch im Zimmer das Licht. Da keiner von ihnen bis 21.00 Uhr raus kam, wurde zu diesem Zeitpunkt die Beobachtung unterbrochen, die genannten Züge am Ostbahnhof wurden abgesichert.

Am 3. 8. 1963

7.50 Uhr verließ „Indo" mit Vater das Hotel und setzten sich in der daneben gelegenen Parkanlage auf eine Bank.

Sie hatten ihren Campingbeutel mit und waren mit Mantel bzw. Annorak bekleidet. 9.00 Uhr gingen sie zur Sowjetischen Botschaft Unter den Linden. 10.00 Uhr verließen sie die Botschaft und gingen zur Taxihaltestelle am Bahnhof Friedrichstr. (auf diesem Wege versuchte „Indo" schon Taxen anzuhalten). Beide bestiegen die Taxi Pol. Kennz. I U 28–88 mit der sie nach Berlin-Pankow fuhren, wo sie 10.25 Uhr das Objekt der Polnischen Botschaft in Berlin-Pankow, Berlinerstr. betraten. 10.40 Uhr kam „Indo" hier raus, ging über die Straße zum Postamt Pankow 1, wo er 18.15 DM einzahlte (Zahlkarte). Danach betrat er wieder das Objekt der Botschaft.

11.10 Uhr kam „Indo" wieder raus und ging zum Postamt wo er telefonierte, er betrat 11.20 Uhr die Botschaft wieder.

11.25 Uhr kamen beide heraus, „Indo" betrat die Milchbar „Zur Post" und trank ein Glas Milch. Der Vater kaufte Kuchen. Danach trafen sie sich wieder und betraten 11.40 Uhr die Botschaft. 12.10 Uhr verließen sie diese, gingen zur Damerowstr. und bestiegen hier die Taxi Pol. Kennz. I U 69-60-80 mit welcher sie zur Hermann-Duncker-Str., wo sie vor der **Chinesischen Botschaft** hielten und „Indo" diese kurz betrat. Danach fuhren sie zur Gundelfingerstr., wo sie das Objekt der **Mongolischen Botschaft** betraten. 12.50 Uhr.

14.35 Uhr verließen sie diese und liefen zur Chinesischen Botschaft, welche sie 14.45 Uhr betraten. 15.30 Uhr kamen sie heraus, gingen zum S-Bahnhof Karlshorst und fuhren zur Friedrichstr. Hier setzten sie sich in die Mitropa und aßen etwas. 16.40 Uhr gingen sie dann zum Hotel.

16.55 Uhr kam „Indo" wieder raus und ging zur Sraßenbahnhaltestelle in der Georgenstr., wo er die Bahn der Linie 46 bestieg. In der Kastanien-Allee stieg „Indo" aus und ging zum **Grundstück Kastanienstr. 74.**

Hier klingelte er an der Haustür, worauf ihm diese durch Summer geöffnet wurde, so daß nicht festgestellt werden konnte, in welche Etage er ging.

Nach ca. 10 Min. kam „Indo" wieder raus (17.25–17.35 Uhr) ging zur Straßenbahnhaltestelle, wo er die ankommende Bahn der Linie 49 bestieg. An der Damerowstr. in Berlin-Pankow stieg „Indo" aus und betrat das Blumengeschäft an der Haltestelle. Hier kaufte er Blumen und ging dann zur **Klaustalerstr. 28 a.** *Hier klingelte er auf dem Klingelbrett ganz oben rechts, worauf ihm ebenfalls durch Summer die Haustür geöffnet wurde.*

Diese betrat er gegen 18.00 Uhr. Der Name konnte nicht festgestellt werden, da er am Klingelbrett unleserlich ist.

22.30 Uhr verließ „Indo" in Begleitung von Verb. 1 das Grundstück und gingen zur Straßenbahnhaltestelle. Als die Straßenbahn der Linie 49 ankam, verabschiedeten sie sich durch Handschlag und „Indo" bestieg die Bahn. In der Berlinerstr. stieg er um in die Bahn der Linie 46 und fuhr zum Hotel, welches er gegen 23.30 Uhr betrat.

Da bis 0.21 Uhr „Indo" noch sein Vater das Hotel verlassen hatten, wurde zu diesem Zeitpunkt die Beobachtung unterbrochen. ***Der Vater hatte gegen 18.00 Uhr noch das Hotel verlassen und hatte im Imbiß am Bahnhof Friedrichstr. eine Bockwurst gegessen und 2 Tafel Schokolade gekauft.***

Am 4. 8. 1962

7.00 Uhr wurde die Beobachtung am Hotel fortgesetzt.

7.40 Uhr verließ „Indo" das Hotel und kaufte Brötchen. Danach ging er wieder zum Hotel.

8.00 Uhr kam „Indo" mit Vater aus dem Hotel und liefen vor dem Hotel umher. Hierbei betrat er auch kurz einen Buchladen.

8.35 Uhr gingen sie wieder ins Hotel. **Jetzt wurden sie im 2. Stock im mittleren Zimmer gesehen, wo sie auch ausgezogen waren.** *In dem Zimmer 3. Etage rechts wohnten jetzt andere Gäste.*

10.00 Uhr wurde die Beobachtung abgebrochen.

Wollny, Oberleutnant
Stellv. Leiter Abt. VIII

Aus einem Spitzelbericht

*„Bei seiner Rückreise sollte der Vater bei der Deutschen Lufthansa seine Flugkarte mit Devisen bezahlen. K., der seinen Vater **bekleidete** (gemeint: „begleitete"!), begann eine Diskussion, worauf die Angetellten der Lufthansa äußerten, K. soll einen entsprechenden Antrag an das Finanzminsterium stellen. Darauf K. sinngemäß folgendes antwortete:* „Das Finanzministerium brauche wahrscheinlich 10 Jahre für die Genehmigung und ob die DDR dann noch existiert, sei fraglich."

Daraufhin hatte die chinesische Botschaft in Berlin sofort die Flugkarte für den Vater des K. bezahlt.

Zu bemerken ist, daß K. seinen diesjährigen Urlaub in China verbrachte und an den Gen. Lange, SHF (Staatssekretariat für Hoch- und Fachschulwesen), eine Ansichtskarte aus China schickte.

Nach Beendigung seines Journalistik-Studiums übernahm er eine halbe Lektorenstelle im Ostasiatischen Institut an der Karl-Marx-Univ. Leipzig und bekam gleichzeitig eine Aspirantur und will jetzt promovieren.

K. hat jetzt einen Antrag gestellt, seine Aspirantur an der Humboldt-Univ., Berlin, fortzuführen.

Er ist außerordentlich begabt und intelligent. Sehr redegewandt und spricht ausgezeichnet deutsch.

In Gesellschaftswissenschaft hatte er nur sehr gute und gute Leistungen.

K. wird von der Bezirksverwaltung Leipzig, Abteilung V. operativ bearbeitet."

Wagner, Leutnant

Meine Staatsbürgerschaftsurkunde der VR China, von
Tschou En-lai unterschrieben

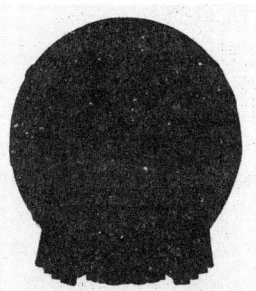

中华人民共和国許可入籍証書

国公（入）字第 01409 号

郭兴虎 申請加入中华人民共和国
国籍，経审查准予入籍，特发給許可入籍証書，以資
証明。

入籍人：现　名　郭兴虎
　　　　原　名
　　　　性　别　男　原国籍
　　　　出生时间 1938 年 5 月 12 日
　　　　出生地　印尼雅加达
　　　　现住地　德意志民主共和国
　　　　职　业　职員
随同入籍子女：无

中华人民共和国国务院总理　周　恩　来

1962 日

In Mao's Botschaft
in Karlshorst

In der Botschaft der Volksrepublik China in Karlshorst (unweit vom KGB entfernt) begann ich 1963 meine Tätigkeit als Übersetzer. Die Auseinandersetzungen zwischen Peking und Moskau erreichten immer neue Höhepunkte. In dieser Zeit war es, daß einige DDR-Sinologen, die bislang als Übersetzer in der Botschaft beschäftigt waren, von den chinesischen Genossen „brüderlich" auf die Straße gesetzt wurden. Der chinesische Geheimdienst „Gung An Bu" („Ministerium für öffentliche Sicherheit") war der Meinung, wahrscheinlich zutreffend, daß diese Deutschen für Stasi und/oder KGB tätig sein müßten. Sie waren allesamt SED-Genossen und durften deshalb sogar in China studieren.

Als Ersatz wurde ich für würdig befunden und in die Botschaft beordert: ich war nicht nur Staatsbürger der Volksrepublik China, sondern gerade mit dem Journalistik-Studium fertig geworden, also prädestiniert für die Presse (sprich: Propagandaabteilung) der Botschaft. Außerdem wußte die Botschaft, daß ich wohl der am besten Deutsch sprechende und schreibende Chinese in der DDR war. So gelangte ich in die Mao-Vertretung.

Nun hat der Mauerschützen-Anwalt Eisenberg während meines PDS-Prozesses 1992 in einem Schriftstück behauptet, ich hätte einen diplomatenähnlichen Status gehabt und könnte so ungehindert nach West-Berlin fahren, und diesen Status hätte ich mißbraucht, um DDR-Bürger auszuschleusen, die offizielle Stasi-Version sozusagen, von dem Anwalt der PDS, der größten Menschenhändlerorganisation der Welt (als sie noch SED hieß und Staatspartei war), noch einmal frisch aufgebrüht. Diesem baren Unsinn habe ich sofort widersprochen: wenn ich einen „diplomatenähnlichen" Status gehabt hätte, hätte die Stasi mich gar nicht verhaften können, sondern das DDR-Außenministerium hätte mich lediglich als „persona non grata" nach China ausweisen können.

Ich war lediglich ein Mitglied des „local staff", der örtlichen Mitarbeiter, wie es in Botschaften heißt. Staatsbürger zwar, die aber ihren Wohnsitz im Gastland (hier DDR) hatten, nicht von Peking in die DDR in offizieller Mission geschickt worden waren.

Obwohl meine Chefs in der Botschaft fast alle sehr freundliche und zuvorkommende Diplomaten waren, ich denke an den hochgebildeten Kulturattaché Wang Ping, an den verschmitzten Konsul Yü Te-chung und andere, blieb das Verhältnis zu mir natürlich distanziert. Denn die chinesischen Kommunisten waren genauso mißtrauisch wie ihre Gesinnungsgenossen in Moskau oder Ost-Berlin.

Auch für die Chinesen war ich ein gewisses Risiko: ich wohnte außerhalb der Botschaft, war nach Feierabend faktisch nicht kontrollierbar wie die aus China stammenden Mitarbeiter, die streng von Partei und Geheimdienst kontrolliert wurden. Dies war ohnehin auch leichter, da die Botschaftsangehörigen mangels Geld und Deutschkenntnissen selten das exteritoriale Gebäude verließen, sozusagen in einem Getto lebten.

Hingegen mußte die Botschaft mich nach DDR-Tarif bezahlen, was bei Übersetzungen im Vergleich zu den ärmlichen Kuli-Honoraren nach Pekinger Standard geradezu fürstlich war (ich erhielt je nach Übersetzungsmenge manchmal mehrere Tausend Ostmark im Monat!). Aber der entscheidende Punkt: die Botschaft wußte nicht, mit wem ich privat Kontakte unterhielt, was ich in meiner Freizeit machte usw. Dies ist für jeden totalitären Staat eine Frustration.

Deshalb war mein Arbeitszimmer kahl: nur ein Schreibtisch, ein Stuhl, Wörterbücher, weißes Schreibpapier, eine Schreibmaschine waren alles, was ich vorfand, wenn ich morgens in der Botschaft ankam. Dann kamen die meterlangen Fernschreiben aus Peking, die ich aus dem Partei-Chinesisch ins SED-Deutsch übersetzen mußte, etwa mit der Überschrift: „Erklärung des Zentralkomitees der

Kommunistischen Partei Chinas gegen die sowjetischen Kapitulanten und Revisionisten". Je länger, um so besser, denn ich wurde nach Zeilen bezahlt!

Meine Tür wurde vorsorglich geschlossen, ich kam also nicht an Akten oder Unterlagen heran. Der große Vorsitzende Mao lächelte freundlich zu mir herab, wenn ich seine weisen Worte für die deutschen Genossinnen und Genossen wortgetreu und sinngemäß übersetzte.

Mittags brachte mir ein Kellner das Essen aus der Botschaftsküche, ein Labsal in dieser Monotonie... Während meiner 18monatigen Haft bei der Stasi (von Januar 1965 bis Sommer 1966) drehte sich immer wieder das Thema um die Chinesische Botschaft in Ost-Berlin. Man bot mir sogar chinesische Zigaretten (!) an, als ich mich bereit erkärte, „alles" zu sagen... denn was ich oben geschildert habe, war in der Tat „alles" und das war für die neugierigen Stasi- und KGB-Vernehmer entschieden zu wenig.

Aber „revolutionäre Wachsamkeit" war eben auch eine chinesische kommunistische Tugend. Ein ganz offensichtlicher Geheimdienstmann in der Botschaft war der „1. Sekretär" Wang Ying-ming, ein mißtrauisch und finster dreinblickender Mann mit Schweinsäuglein. Später avancierte er in Bonn zum Botschaftsrat ...

Meine Rolle in der Botschaft und die von der Stasi befürchtete „hohe Position" in China sind deshalb genauso irrsinnige Hirngespinste wie die Behauptung, ich sei ein „westlicher Spion".

Die chinesischen Diplomaten in Ost-Berlin befanden sich in mehrfacher Hinsicht in der Klemme. In der DDR erhielten sie keinerlei Informationen von den SED-Funktionären, galten sie doch als „Verräter", sie wurden auf Schritt und Tritt, wie auch ich, verfolgt, beobachtet und abgehört. Sie mußten aber regelmäßig nach Peking Berichte schreiben. Welch ein Segen, daß es West-Berlin gab und dort ein „Gesamtdeutsches Institut" mit allerlei interessanten Broschüren und Informationen über die DDR. Mit den Mitarbeitern dieses Instituts, das Bestandteil des gesamtdeutschen (später: innerdeutschen) Ministeriums war, bahnten die Chinesen Kontakte an. Das, was sie dort lasen oder erfuhren, ging dann als „streng geheim" nach Peking weiter, so kann man sich auch mit fremden Federn schmücken!

Die Chinesen entdeckten ohnehin sehr bald, wie nützlich West-Berlin war. Zunächst fuhren Pekings Diplomaten sowjetische Autos, als die „ewige Freundschaft" mit Moskau noch andauerte. Bald mußten die Chinesen aber feststellen, daß diese sozialistischen Autos mehr in Reparatur waren als fuhren. Kurzentschlossen fuhr ein Kurier mit einer Million Ostmark im Köfferchen zum Bahnhof Zoo im Westen. In einer Wechselstube wurden daraus 200 000 Westmark, mit der damals zehn Mercedes-Autos in bar gekauft werden konnten. So fuhren später Chinesen (und Rumänen) mit dem Daimler-Stern über die Holperstraßen der DDR, zur großen Verärgerung der sowjetischen und deutschen Brüder der SED ...

Ein anderer Vorzug West-Berlins war die Existenz zahlreicher China-Restaurants und die dortigen Warenhäuser, die alles, was das Herz begehrte und das Portemonaie finanzieren konnte, vorrätig hatten. Auch Chinas Diplomaten kauften regelmäßig dort ein, wie alle Ausländer in der DDR, die durch die Mauer passieren konnten.

Die Tätigkeit in der Botschaft hatte für mich aber auch handfeste Nachteile: als die DEFA mir für den Film „Das Mädchen aus dem Dschungel", der den Freiheitskampf der Malayen gegen die Briten heroisierte, eine Hauptrolle anbot, allerdings als britischer Polizeispitzel. Die Genossen der DEFA baten mich um eine „Genehmigung der chinesischen Botschaft". Diese wiederum lehnten strikt ab, da ich einen „Schurken" und keinen „positiven Helden" spielen sollte. Mein Einwand, auch in chinesischen Filmen müsse ja irgend jemand den finsteren Typen mit Schlapphut und Sonnenbrille spielen, wurde mit dem Hinweis gekontert, vielleicht wolle die DDR mit Hilfe dieser Rolle die Chinesen generell „schlecht machen" und die Botschaft im besonderen, deren Mitarbeiter ich war.

So wurde meine grandiose Karriere als Mario Adorf der DEFA vom chinesisch-deutschen Mißtrauen und Sicherheitsdenken verhindert ...

Auch andere chinesische Landsleute erhielten von Peking keine Drehgenehmigung, und die DEFA traute sich nicht, ohne einen solchen Wisch in der DDR lebende Chinesen auch nur als Statisten weiter zu bechäftigen, wie im Falle des japanischen Mörders Okamura, den ich ja auch gespielt hatte. Damals kam noch keiner auf die Idee, eine „Genehmigung" dafür einholen zu lassen.

Mit Argusaugen wurden schon in Leipzig und später in Ost-Berlin alle meine Äußerungen zu China, zur Sowjetunion, zur DDR oder über die Bundesrepublik registriert: Peking und Bonn waren sozusagen die Feindzentren der DDR geworden!

Bericht

Durch IM der Abteilung 0 wurde bekannt, daß der Hauptbeschuldigte im Vorgang **auch nach seiner Rückkehr aus der Volksrepublik China verstärkt seine politisch-ideologische Diversion fortsetzt** *und sich dabei auch der Methode der Verbreitung von Gerüchten bedient.*

So äußerte er am 16. 10. 62 gegenüber einer deutschen Person, daß China gegenwärtig große Schwierigkeiten hat. Die Sowjetunion habe in der schwierigsten Zeit verlangt, daß China seine ganzen Schulden auf einmal an die SU (Sowjetunion) zurückzahle. Daraufhin haben die Chinesen alle Lebensmittel in die SU exportiert, da sie lieber verhungern wollen, als von der SU abhängig sein und man habe deshalb eine große Wut auf die SU. China hätte auch eine U 2 abgeschossen, wie, das habe man aber nicht geschrieben und das hätte den Russen schlaflose Nächte bereitet.

Aus den Gesprächen geht auch hervor, daß der Beschuldigte über den Inhalt von Parteileitungssitzungen an der Fakultät für Journalistik informiert wird, wobei er den Namen Kirsten nannte. Kirsten muß diese Informationen von anderen Personen bekommen, da er selbst nicht mehr an der Fakultät ist.

Am 1. 11. 62 vertrat der Beschuldigte gegenüber einem griechischen Studenten folgende Auffassungen:

In der Kuba-Politik habe die SU vor K e n n e d y kapituliert. Die Politik der SU wäre Revisionismus in reinster Form. Zur Versorgungslage in der DDR erklärte er, daß diese saumäßig sei und fügte höhnisch hinzu, wenn jetzt Berlin noch auf wäre, würde eine Völkerwanderung einsetzen. Selbst in der SU, die ein Vorbild für die soz. Länder sein soll, würde es selbst nach 40 Jahren noch Lebensmittelmarken geben.

In China würden 20 Mill. Menschen noch in Höhlen wohnen. Weiterhin behauptete er, daß in der SU jetzt eine neue Klasse entstanden sei.

Begründung:

Der Sohn eines Generals in der SU würde ohne weiteres zum Studium zugelassen werden, auch die Diplomaten hätten große Vorteile. Es würde niemals vorkommen, daß der Sohn eines Ministers eine Arbeiterin heiraten würde.

Ähnlich sei es auch in der DDR. Ein Arbeiter müsse auf einen PKW 5 Jahre warten, während die Minister sie gleich bekommen. Der Lebensstandard sei deshalb schlecht. Ein westdeutscher Arbeiter, der im Monat 500–600 DM verdienen würde, könnte im Grunde genommen genau so gut leben, wie hier ein „hoher Bonze". Es wäre doch den Menschen gar nicht zuzumuten, Schlange zu stehen und der ganze andere Mist. Sein Gesprächspartner könne sich gar nicht vorstellen, wieviel Fleisch die DDR exportieren würde, sonst wäre es nämlich mit dem Fleisch gar nicht so knapp.

Zum Jahrestag der chinesischen Revolution wäre ein großes Staatsbankett in Peking gegeben worden. Es hätte allein 8 Vorspeisen gegeben, 3 Stunden hätte man gefressen und die einfachen Menschen in China würden im Monat 100 g Fleisch bekommen. Man würde in China nur gut leben, wenn man zu den Bonzen gehören würde.

Dann erzählte der Beschuldigte noch, daß er entgegen seinen Angaben gegenüber offiziellen Stellen in der DDR seinen PKW in Westberlin gegen Westgeld gekauft habe. Das Geld habe er von seinem Bruder bekommen.

Im Gespräch mit GI „Willner" erzählte der Beschuldigte, daß er sich demnächst einen PKW Trabant kaufen wolle.

Er wolle dazu Westgeld verwenden, da der Wagen dann für ihn viermal billiger wäre.

Am 30. 10. 62 erzählte der Beschuldigte einem anderen ausländischen Studenten, er habe heute den westdeutschen Rundfunk gehört und dort sei gesagt worden, daß China Chruschtschow heftig wegen Kuba angegriffen habe. Man hätte Chruschtschow jetzt offen zum Revisionisten gestempelt. **Leopold, Leutnant**

Bezirksverwaltung Leipzig   Leipzig, den 30. 11. 1962
– Abteilung V/6 –

Bericht

Betr.: *Vorgang*

Durch IM der Abteilung 0 wurde bekannt, daß der Beschuldigte am 12. 11. 1962 gegenüber einem ausländischen Studenten äußerte, daß gegenwärtig in der Sowjetunion die Entstalinisierung im Gange sei und daß man nun in der DDR im Verlaufe des VI. Parteitages der SED ebenfalls in dieser Richtung einiges unternehmen muß.

Dabei wurde von ihm die Möglichkeit des „Sturzes" des Gen. Walter Ulbricht ausgesprochen. Er sagte: „Auf dem VI. Parteitag stehen 2 Möglichkeiten offen, entweder Ulbricht bzw. alle Stalinisten der DDR stürzen und dabei wird es einen Riesenkrach geben, oder sie werden plötzlich alle zu Albanien und China stehen.

Walter Ulbricht wäre empört von Moskau zurückgekehrt, weil Chruschtschow den versprochenen Friedensvertrag noch immer nicht zu verwirklichen gedenkt. K. ahmte dann die Stimme Walter Ulbrichts nach und schrie höhnisch „Es steht fest, wir werden siegen." „Wenn auch der Feind noch so laut schreit, wir werden siegen."

Weiterhin erklärte er, die Umbenennung von Stalinstadt sei nur eine formale Sache, es würde doch um die Personen angehen, die damals die Stadt so genannt haben, und die würden doch heute noch in der Führung der DDR sitzen. In diesem Zusammenhang erzählte er dann noch einen äußerst negativen politischen Witz, der die Versorgungslage in der DDR verunglimpft.

Am 7. 11. 62 unterhielt sich K. mit der Studentin Ingeborg Brater über seine China-Reise. Dabei brachte die B. zum Ausdruck, daß es interessant sei, sich mit ihm über China zu unterhalten, da er doch Experte in dieser Hinsicht sei.

Daraufhin entgegnete K. höhnisch, was heißt Experte,

*man braucht ja nur den westdeutschen Rundfunk zu hören,
um informiert zu sein.*

*Als die B. K. erzählte, daß sie einen Onkel habe, der Nazi
gewesen sei, fragte K., warum der nicht schon abgehauen
wäre. Auf die Entgegnung der B., daß er wahrscheinlich zu
sehr an seinen Sachen hängt, äußerte K., das ist ja lächerlich,
**aber vielleicht ist es ein Glück, daß die Leute so an ihren
Klamotten hängen, denn sonst wäre heute die DDR
vielleicht leer oder halbleer.***

*Am 9. 11. 62 erklärte K. gegenüber einer unbekannten
männlichen Person, daß sein Schneider, der in der Nürnberger Str. wohnt, ihm erzählt habe, er sei in Leningrad gewesen,
und dort würden ca. 300 Leute vor jedem leeren Brotgeschäft
stehen. Als der Unbekannte ihn fragte, ob er nicht einmal von
etwas anderem sprechen könne, erklärte K. „was kann man
heute schon anderes erzählen, wenn man in der DDR lebt.
Jeder spricht doch von Fleisch und Wurst, von der Mauer
und Berlin, von der Mausefalle und dem Speck" (dabei spielt
er auf den oft von ihm erzählten Witz an, daß man sich im
Versteigerungshaus um eine Mausefalle geschlagen hat, weil
noch ein Stück Speck drin war).*

SED-Parteileitung   *Leipzig, den 12. 12. 1962*
Karl-Marx-Universität

Auszug
Information

*Diese Linie, die Verdienste Chinas ständig herauszuheben
und damit China gegen die Sowjetunion und das sozialistische Lager zu stellen, zeigte sich auch im Verhalten der
chinesischen Genossen auf öffentlichen Foren. Die Chinesen
traten jedesmal besonders im Zusammenhang mit dem
indisch-chinesischen Grenzkonflikt, wenn unsere Vertreter
auf der Linie der Partei diskutierten und eine Diskussion der
Schuldfrage nicht zuließen, auf. Diese Diskussion wurde in
der Mehrzahl der Fälle von K. (halb Aspirant, halb Lektor)*

durch entsprechend geschickte Fragestellung provoziert. Die Chinesen gingen meistens von der Fragestellung aus, daß durch unser Auftreten Unsicherheit und Zweifel über die Haltung Chinas unter den Studenten getragen würde. Hierbei handelt es sich noch nicht um die bewaffneten Auseinandersetzungen, sondern um die Schießereien an der Grenze.

Die Chinesen hatten sich auf diese Foren immer sehr gründlich vorbereitet und waren ständig bemüht, prinzipielle Erklärungen zur Politik Chinas in der Frage der Grenzstreitigkeiten gegenüber den Nationalstaaten und unterdrückten Ländern abzugeben. Dabei gingen sie von den Erklärungen der chinesischen Regierung, die u.a. in der Presse der Sowjetunion abgedruckt war, aus. Besonders deutlich wurde ihr Verhalten auf einem Forum, das mit dem außenpolitischen Kommentator des Deutschlandssenders, Albert Reiß, am 6. 12. 1962 auf Initiative des Heimkomitees des Internats Nürnberger Straße durchgeführt wurde.

Das Forum stand unter dem Thema „Der Neokolonialismus und die Politik der sozialistischen Staaten gegenüber den jungen Nationalstaaten".

Auch hier brachte der K. durch die Frage „was macht Lübke in Indien" die Probleme des indisch-chinesischen Grenzkonfliktes gleich zu Beginn des Forums in die Diskussion.

Nachdem Albert Reiß im Zusammenhang mit solchen Fragen, die sich sofort an die Fragestellung K. anschlossen,

„in Indien werden Kommunisten verfolgt, das USA-Kapital gewinnt an Einfluß, kann man unter diesen Bedingungen noch von einer fortschrittlichen indischen Regierung sprechen?

wo stehen die jungen Nationalstaaten im System der friedlichen Koexistenz?

wie schätzen Sie das Auftreten der indischen Kommunisten gegen die chinesischen Kommunisten ein?

warum werden immer häufiger die Kommunistischen Parteien in den jungen Nationalstaaten verboten?"

Dr. Schmid
Stellvertr. Sekretär (der SED!)

Aus einem Spitzelbericht:

K. verbreitete unter den ausländischen Studenten und deutschen Betreuern eine Stellungnahme des Zentralkomitees der albanischen Partei der Arbeit zum XXII. Parteitag der KPdSU, in der die sowjetischen Genossen aufs gröblichste verleumdet werden. Gleichzeitig trat K. selbst mit feindlichen Argumenten auf. So erklärte er, daß es sich bei dem vor einiger Zeit in Albanien durchgeführten Prozeß nicht wie gemeldet um Konterrevolutionäre handelte, sondern daß in diesem Prozeß Agenten der Sowjetunion verurteilt worden wären.

Bereits im vergangenen Jahr hatte K. in einer Seminargruppe der Fakultät für Journalistik eine Broschüre kursieren lassen, die einige falsche Auffassungen von chinesischen Genossen enthielt, was zu negativen Diskussionen führte.

Im Juni 1960 forderten indonesische Studenten, daß K. exmatrikuliert und ausgewiesen wird, da er nach ihrer Meinung für ausländische Geheimdienste arbeiten soll.

Auch afrikanische Studenten vertraten die Auffassung, daß K. für den englischen bzw. amerikanischen Geheimdienst arbeitet.

Im Juni 1961 bestand bei einem koreanischen Studenten der Verdacht, daß er die DDR illegal nach Westdeutschland verlassen will.

Dieser Student hatte zu diesem Zeitpunkt enge Verbindungen zu K.

K. selbst wohnt im Ausländerheim in der Nürnberger Straße.

Folgende Maßnahmen werden vorgeschlagen:
1. Vorlauf-Operativ-Akte gegen K. und Kirsten anlegen.
2. Allseitige Aufklärung des K. und des Kirsten.
3. Konspirative Wohnungsdurchsuchung bei K. und Kirsten.
4. Einbau der operativen Technik im Zimmer des K.

Die Bearbeitung wird mit dem Ziel durchgeführt, wegen staatsgefährdender Hetze und Propaganda sowie ideologischer Diversion zu inhaftieren.

Bericht

Betr.: *Hetze gegen die Politik der Sowjetunion durch chinesische Staatsangehörige*

Am 30. 8. 1963 wurde im Gebäude des Deutschen Schriftstellerverbandes in Leipzig, Petersstraße 26, ein Hetzplakat (blauer Buntstift, Größe DIN A 4) mit der Aufschrift „Mit der KP Chinas gegen die Verräter am Sozialismus, für die proletarische Revolution!", gefunden.

Außerdem war das Staatswappen der Sowjetunion mit rotem Stift auf das Plakat gemalt. Das Plakat wurde im Treppenaufgang des Gebäudes zwischen dem II. und III. Stock angeheftet.

Am 16. 9. 1963 wurde durch den GI „Irene" bekannt, daß der im Vorgang erfaßte K. Ende Mai 1963 im Deutschen Schriftstellerverband vorstellig wurde und dort Verhandlungen wegen eines Gedichtes führte, das der schwedische Student Klackenberg entworfen hat und das K. ins Deutsche übersetzte.

*Kurze Zeit später erhielt der Vorsitzende des Bezirksverbandes des Deutschen Schriftstellerverbandes, Genosse Hans Maaßen an seine Privatadresse chinesisches Hetzmaterial geschickt, das K. **mit vollem Absender** an ihn übermittelt hat.*

GI „Irene" vermutet, daß K. auch das Hetzplakat angefertigt hat.

Am 17. 9. 1963 wurde deshalb das Tatmaterial mit Schriftmaterial von K. verglichen und dabei festgestellt, daß K. mit großer Wahrscheinlichkeit als Täter in Betracht gezogen werden kann.

*„Am Ostasiat. Inst., wo Herr K. bekanntlich als Lektor vorübergehend tätig war, ist **K. dabei erwischt worden,** als er zu Beginn der heftigen Auseinandersetzungen zwischen KP-*

Führung China und der KPdSU (Austausch der Briefe) **indonesische Zeitschriften mit Hetze gegen SU** *und Befürwortung der chines. Politik an die deutsche Studentin Bärwinkel verteilte. Der Assistent Beck hat dieses Material an sich genommen und muß es heute offensichtlich noch besitzen, da diese Angelegenheit **nicht in der Partei bekannt geworden ist.** (Zumindest nicht der Kommission für Auslandsarbeit bei der UPL, Universitätsparteileitung [der SED].)*

Er selbst habe in einem Gespräch mal geäußert, daß er sich in Indonesien bei der fortschrittlichen Öffentlichkeit nicht sehen lassen dürfe.

Herrn Piazza erklärte er als seinen besten Freund (die Einschätzung des Inst. über K. ist aber völlig einwandfrei, offensichtlich hat Herr Dr. Piazza es sehr gut verstanden, mit ihm umzugehen!)"

Leopold/Unterleutnant

Bericht

Nachdem mich K. am 17. 11. angerufen hatte, machte ich ihm am 22. 11. in seiner Wohnung einen Besuch, der von 20.30–23.00 Uhr dauerte.

*Gesprächsthema Nr. 1 war die **Ablösung Chruschtschows**. K. interessierte sich für die Fragen und Meinungen meiner Kollegen dazu, und auf mein Bemerken, daß man allenthalben über die kurzen Mitteilungen unzufrieden ist, gab er detaillierte Informationen, „die man aus dem ND natürlich nicht erfährt und die hier vielleicht (genau wie im Falle Stalins) in 6 oder mehr Jahren veröffentlich werden".*

Zunächst zitierte er einige der „29 Sünden", die Chruschtschow in der Außenpolitik gegenüber den kap. und soz. Ländern und in der Innenpolitik begangen haben soll:

– Eigenmächtiges Handeln während der Kuba-Krise;

– Anleihe in Höhe von 1 Mrd. an Ägypten und Ernennung Nassers zum Helden der SU ohne Zustimmung der anderen Genossen;

– Durch die neue Erdölleitung Zwang für Rumänien und Bulgarien, ein Obstgarten der SU zu werden;

– Feindschaft gegenüber China und damit Spaltung des soz. Lagers, wobei die KPCh (Kommunistische Partei China's) unter Wahrung der marxistischen Terminologie polemisierte, während Ch. unqualifizierte Schimpfwörter gebrauchte;

– Unwürdiges Auftreten in der internat. Öffentlichkeit;

– Organisatorische Trennung von Industrie und Landwirtschaft auf der Parteiebene;

– Vetternwirtschaft in Form des Einsatzes aller Verwandten in die höchsten Staats- und Parteifunktionen.

Anschließend gab K. ausführliche Kommentare. Keine Spur mehr von der früheren Wortkargheit und mißtrauischen Haltung! Er sprach lebhaft, in einwandfreiem, gewähltem Deutsch, in leicht belustigtem Ton.

Seiner Meinung nach waren die Ergebnisse vorauszusehen und konnten sich gar nicht anders entwickeln, denn Ch. habe sich selbst ein Grab gegraben, indem er so handelte, als sei die SU sein Privatbesitz.

In außenpolitischer Hinsicht setzte K. die Pläne Ch.'s (Chruschtschow, Nikita, damaliger sowjetischer Parteichef) mit denen Hitlers gleich.

Nach seinen Reisen ins kap. Ausland sei Ch. nervös geworden, wollte den gleichen äußerlichen Wohlstand in der SU einführen, was eine „Verbürgerlichung" mit sich brachte.

Insbesondere sei Ch. der größte Feind des chinesischen Volkes gewesen und dabei bis zum Mord gegangen: als eine Gruppe chinesischer Physiker von Dubna nach China zurückkehren wollte, erhielt die chinesische Botschaft einen Hinweis, die Physiker nicht per Flugzeug reisen zu lassen, da geplant sei, die Maschine abstürzen zu lassen. In der Botschaft nahm man an, so tief konnten die sowjetischen Genossen nicht gesunken sein, und ließ die Physiker fliegen. Das Flugzeug stürzte tatsächlich ab. So sollte die chinesische Atomforschung ihrer führenden Wissenschaftler beraubt werden.

K. brachte die Ablösung mit der chinesischen Atomexplosion in Zusammenhang und behauptete, den Termin seiner Reise nach Peking mit Vorbedacht darauf abgestimmt zu haben.

Vom chinesischen Volk seien die Ereignisse freudig aufgenommen worden. Er zeigte mir einige Zeitungen (Organ der KP) und übersetzte einige Schlagzeilen: Erste chinesische Atomexplosion erfolgreich – Ch. tritt von der Bühne ab.

120

Bezüglich des neuen Verhältnisses zwischen SU und China äußerte er sich in dem Sinne, daß das Geschimpfe aufgehört hat, die chinesischen Vertreter die prominentesten Gäste zum Jahrestag waren, die Konferenz nicht stattfinden wird, von sowjetischer Seite alles zurückgenommen werden muß und auch das ND umschwenken wird (erste Anzeichen im ND vom 22. 11. Leitartikel „Lieber gut anstatt so roh").

Seiner Darstellung zufolge wurde die Ablösung sehr geschickt durchgeführt und der Plan dazu so gut geheim gehalten, daß Ch. erst nach vollendeter Tatsache davon erfuhr.

Eine der treibenden Kräfte waren die Armeeangehörigen, die durch Ch.s Politik „arbeitslos" sind. In Zukunft wird ein aktiveres Eingreifen der SU in kriegerische Auseinandersetzungen zu erwarten sein.

Über die Reise K.s nach Peking war nichts weiter zu erfahren, als daß er diese auf persönliche Einladung hin unternommen hatte. Auf die gleiche Art will er im Januar nach Kuba reisen.

Die Unterhaltung drehte sich dann noch um die Situation in der DDR: K. vertrat die Ansicht, daß bei uns die Entwicklung stagniert bzw. unendlich langsam vorangeht. Mit einigem zeitlichen Abstand machen wir dem Westen alles nach (Twist, industrielle Formgebung, Bauweise), wenn es dort schon längst überholt ist, aber es gibt kein einziges Beispiel dafür, daß der Westen etwas von uns übernimmt. Zum Beweis der Überlegenheit westdeutscher Erzeugnisse legte er zahlreiche Prospekte von Autos, Tonband-, Fernseh- und Radiogeräten vor.

Besonders heftig kritisierte er die Qualität der Dienstleistungen.

Auf Fragen nach seinem persönlichen Leben berichtete K., daß er die Aspirantur abgebroche hat, weil Prof. Markov, sein Betreuer, Chruschtschow-Anhänger ist und er daher mit ihm in der Arbeit nicht einig werden kann. Er hält die Erlangung eines akademischen Grades für unwesentlich, weil es viele Professoren und Doktoren gibt, die nichts wissen, man aber auch sehr viel wissen kann, ohne den Titel zu tragen.

K. ist jetzt als freischaffender Übersetzer für Englisch, Holländisch und Indonesisch tätig und hat z.Zt. einen Vertrag mit dem Urania-Verlag.

Bezüglich der weiteren Kontakte wurde vereinbart, daß K. anruft oder aus Kuba schreibt.

„Janett"

Die Stasi als Kunst- und Kulturzensor

Die größten Kulturbanausen Deutschlands, zumeist halbe Analphabeten, wie die Berichte der hauptamtlichen Stasi-Offiziere (!) belegen, bestätigten sich in der DDR zugleich als oberste Zensoren in Sachen Kunst und Kultur. Wie inzwischen bekannt, sind nicht wenige, darunter prominente Schriftsteller und Künstler, wegen ihrer Stasi-Kontakte und Mitarbeit geoutet worden.

Auch in meinem Fall wurde akribisch verfolgt, welche schriftstellerischen Pläne und Absichten ich hatte und meine Kontakte in der Kulturszene argwöhnisch beobachtet. Eine Spitzelin erhielt den Auftrag, meine Meinung über bekannte DDR-Schriftsteller auszukundschaften, was dann auch in einem mehrseitigen Bericht ihren Niederschlag fand, der hier ebenfalls im Wortlaut wiedergegeben wird. Für die Korrektheit der mir zugeschriebenen Aussagen kann ich allerdings nicht bürgen, da die Spitzel meistens dazu neigten, mich möglichst negativ zu beschreiben. Je „schlechter" ich war, umso mehr Lob und Prämien konnten Mielkes Schnüffler(innen) einheimsen.

Die Orwellsche Rolle der Stasi wurde auch in meinem Streit mit dem Ost-Berliner Verlag VOLK UND WELT deutlich, der erst nach der Wende nach öffentlichen Protesten meinerseits zu meinen Gunsten beigelegt werden konnte.

1963 übersetzte ich für den SED-renommierten Verlag als erster ein Buch des indonesischen Autors Pramoedya Ananta Toer ins Deutsche („Erzählungen aus Blora"). Als das Buch 1965 erschien, befand ich mich schon in Stasi-Haft. Ich stellte fest, daß mein Name als Übersetzer vertragswidrig fehlte. In einem jahrelangen Zivilprozeß versuchte der Verlag erst zahlreiche, nicht stichhaltige Ausreden für diesen Vertragsbruch vorzubringen Er erklärte sich dann bereit, den Fehler zu korrigieren, und in drei führenden DDR-Zeitungen mitzuteilen, daß ich der Übersetzer des Buches war.

Doch hier hat die Stasi dazwischengefunkt, die ja den Rechtsstreit verfolgte, wurde er doch vom Zuchthaus Bautzen aus geführt, wo jeder Brief erst gelesen werden mußte.

Der Verlag ließ dann endlich die Katze aus dem Sack: da ich als „Staatsverbrecher" zu einer hohen Freiheitsstrafe verurteilt worden war, sei es einem „Verlag der DDR" nicht zuzumuten, meinen Namen zu nennen, wenn auch nur als Übersetzer. Dies war sogar nach damaligen DDR-Gesetzen willkürlich: nirgendwo stand geschrieben, daß der Name eines Übersetzers nicht genannt werden darf, wenn er wegen ganz anderer Delikte bestraft wurde.

Aber ich mußte rund 25 Jahre warten, ehe dieser Verlag mir erzwungenermaßen Recht gab. Zunächst wollte er mich nicht rehabilitieren, nach dem Motto: nach damaligem DDR-Recht hätte ich mich ja schuldig gemacht!

Bericht

über den Besuch bei Kuo am 26. 4. 1964 in der Zeit von
20.30–23.30 Uhr

Der Kuo empfing mich in seinem Wohnzimmer. Nachdem
ich geklingelt hatte, war die Korridortür offen und ich ging
direkt ins Wohnzimmer. Als erstes zeigte er mir seine neue
Wohnungseinrichtung und führte mir zuerst den neuen
elektrischen Heizofen, Fabrikat BRAUN WD (Westdeutschland) vor. Weiterhin zeigte er den neuen Plattenspieler, Marke PHILIPP. An Möbeln hatte er ein Klappbett,
einen neuen Schreibtisch, 2 Sessel mit Stahlbeinen, einen
Clubtisch und einen Schreibtischsessel.

**Er nannte den Preis für die Möbel für 1000,– Mark.
Meiner Überzeugung nach ist die Summe aber zu gering,
denn nach den Einrichtungsgegenständen müßte sie weitaus
mehr gekostet haben.**

Über die Herkunft des Plattenspielers, wie auch des
elektrischen Heizofens gab er keine Auskunft.

Meinerseits brachte ich dann das Gespräch auf Schriftsteller und er zeigte mir in diesem Zusammenhang, das Buch
von Dagmar Bottas mit dem Titel „Land im Licht –
Wiedersehen mit Jawa". Bei der Durchsicht des Buches
versuchte ich das Gespräch näher auf seine Heimat zu
lenken. Er gab diesbezüglich aber nur allgemeine und
abweichende Antworten und erklärte mir, ich soll mir das
Buch durchlesen, dann könnte ich näheres daraus entnehmen. Über sich selbst und sein Heimatland, sein früheres
Leben, äußerte er sich nicht näher.

Im Zusammenhang mit dieser Unterhaltung kamen wir
auf **bestimmte Schriftsteller in der DDR** zu sprechen und er
äußerte sich, daß die älteren Schriftsteller in der DDR vom
Sozialismus enttäuscht wären und aus diesem Grunde auch
keine Gegenwartsromane schreiben, sondern nur Romane

über die Vergangenheit, während die Jüngeren über die Gegenwart schreiben, aber in Art verkrampfte Weise (so steht es wirklich!). Er nannte in der Hinsicht das Buch „Beschreibung eines Sommers", das seiner Ansicht nach sehr wertlos wäre. Die jüngeren Schriftsteller wären ja gezwungen über die Gegenwart zu schreiben, weil sie ja die Vergangenheit nicht kennengelernt hätten: Auf den Vorhalt, daß doch Anna Seghers das Buch „Entscheidung" geschrieben habe, erklärte er, das habe sie ja nicht selber geschrieben, das sei ihr ja zugeschrieben worden und übrigens wäre das ja auch nichts besonderes.

Er nannte dann den Schriftsteller Dieter Noll, der in seinen letzten Büchern ebenfalls nur verkrampft und gar nicht der Wirklichkeit entsprechend oder wie sie geschrieben werden müßten, schreibt. Das wäre im wesentlichen darauf zurückzuführen, daß der sich mit Rauschgift spritzt.

An Romanen, die er in letzter Zeit gelesen hat, von Gegenwartsliteratur nannte er den Roman „Geteilter Himmel" (von Christa Wolf [IM „Margarethe"]), der seiner Meinung nach ganz gut wäre, aber dazu hätte ja Walter Ulbricht auch was gesagt bzw. gelobt und dann muß er ja gut sein. Das brachte er in gewissen Zynismus vor.

O l e Bienkop kannte er nicht. Er äußerte in dem Zusammenhang, daß er sich über Büchern nur ein Urteil erlaubt, die er kennt. Stellte aber die Frage, was über O l e Bienkop diskutiert wird. Zur Zeit wäre jetzt die Bitterfelder Konferenz, aber da kommt ja auch nicht viel raus und Walter Ulbricht wird dort auch wieder Entscheidendes sagen.

An Schriftstellern, die er persönlich kennt, nannte er B r e d e l, Stephan Hermlin, B r ä u n l i c h und Dieter N o l l.

Er gab einige persönliche Geschichten der einzelnen Schriftsteller bekannt. U.a. von B r e d e l erzählte er, daß dieser 2 Söhne habe, die in der Sowjetunion sind, die aber gar nicht nach der DDR zurückkommen wollen und daß dieselben im Kernforschungsinstitut arbeiten und sich wie Russen fühlen.

Von Stephan H. teilte er lediglich mit, daß dieser mit einer Amerikanerin verheiratet wäre.

Von B r ä u n l i c h erzählte er, daß dieser von seiner Ehefrau mit 4 Kindern geschieden wäre und jetzt mit einer Theologie-Studentin zusammenlebe.

Von Dieter Noll erklärte er wie bereits gesagt, daß dieser süchtig wäre und sich spritzt.

Hinsichtlich der Enttäuschung der älteren Schriftsteller erklärte er, daß das vor allen Dingen darauf zurückzuführen wäre, weil diese gedacht haben, daß im Sozialismus die Menschen glücklich und zufrieden leben, daß dies aber nicht der Fall sei.

Auf die Erwiderung, daß es natürlich noch Widersprüche und Schwierigkeiten gibt, erklärte er, na ja die Schwierigkeiten sind ja hier permanent und einen Ausweg sehe man nicht.

In der weiteren Unterhaltung stellte er die Frage, was ich von der Politik halte und ob ich mich für Politik interessiere. Er stellte die Frage, was ich über die Weltlage denke. Auf allgemeine Darlegungen erklärte er, daß ja jetzt zwischen C h r u s c h t s c h o w und J o h n s e n große Freundschaft wäre, daß man alles als in Ordnung betrachte und daß alles friedlich gelöst würde und daß es keine blutigen Revolutionen mehr gibt.

Diese Ausführungen machte er in direkt zynisch abfälliger Art. Auf die Erwiderung, daß doch die Weltlage gar nicht so rosig sei und daß gerade die Atomgefahr von WD heute in sehr starken Maße ausgeht, erklärte er, nun wenn C h r u s c h t s c h o w und J o h n s e n wollen, dann bekommt WD keine Atomwaffen und dann gebe es keine Kriege mehr und auch keine blutigen Revolutionen und über alles wird man sich einig.

In diesem Zusammenhang brachte er vor, daß ja auch der Dogmatismus jetzt beseitigt sei und auf den Einwurf, daß es doch eine ganze Reihe von dogmatischen Erscheinungen gebe, erklärte er, die Ministerien werden das schon alles richtig machen.

Er frug mich, ob ich mal in WD gewesen wäre. Er stellte

an mich die Frage, wie die Menschen hier über WD denken. Ich gab ihm lediglich die Erklärung, daß viele Menschen gern nach WD möchten, weil sie dort ihre Verwandten haben und gab ihn in der Hinsicht eine ausweichende Antwort.

Nähere Fragen stellte er aber in dem Zusammenhang weiter nicht.

Auf die Frage, welche Länder er bereist habe, nannte er Holland, England, Frankreich, Italien, Belgien, Türkei, Sowjetunion, Ungarn, Bulgarien, Polen, Rumänien und China.

In diesem Zusammenhang führte er aus, daß er im Herbst nach China fährt.

Afrika kenne er nicht und er möchte gern noch nach Lateinamerika. WD nannte er auch.

Welche Eindrücke er in diesen Ländern gesammelt habe, dazu äußerte er sich nicht.

Bezüglich der Wohnungseinrichtung brachte er noch zum Ausruck, daß er demnächst einen Kühlschrank erhält und sich später auch einen Fernsehapparat zulegen wolle, z.Z. wäre er aber blank.

Einschätzung zur Person des Kuo

Vom Intellekt her ist er nicht dumm, sehr belesen. In seiner Art gibt er sich eines Intellektuellen mit überheblichen studenten Manieren.

In seiner Haltung ist er gegenüber bestimmten Problemen sehr gleichgültig, gibt sich verschlossen. Man hat den Eindruck, daß er die Dinge oberflächlich, allgemein betrachtet, redet nicht zusammenhängend, gibt nur kurze Antworten.

Ministerrat der   *Berlin, den 7. 1. 1965*
Deutschen Demokratischen Republik   *HA XX/6/III 218/65*
Ministerium für Staatssicherheit
Hauptabteilung XX

BV für Staatssicherheit Leipzig
Abteilung XX

Leipzig

*Kuo, Xing-Hu, geb. am 12. 5. 38 in Djakarta, wh. Berlin/
Treptow, Orionstr. 29*

    *Genannte Person wird in einem Vorgang von uns
bearbeitet und soll auf vertraglicher Basis Übersetzungen
für den Urania-Verlag durchführen.*
    Wir bitten folgendes zu überprüfen:
*1. Durch wen kam der Vertragsabschluß mit dem Urania-
     Verlag zustande.*
*2. Was ist der Inhalt dieses Vertrages und welche finanzielle
     Vergütung sieht er vor.*
    *In diesem Zusammenhang bitten wir festzustellen, ob die
Möglichkeit von Ihrer Seite besteht, den im Urania-Verlag
tätigen Freund des Kuo,* **den Lektor Kirsten, D. durch
inoffizielle Mitarbeiter unter Kontrolle zu halten.**
    Um baldige Erledigung wird gebeten.
Stellv. Leiter der Hauptabtlg.

Ministerrat der   Berlin, den 7. 1. 1965
Detuschen Demokratischen Republik   HA XX/6/I 219/65
Ministerium für Staatssicherheit
Hauptabteilung XX

BV für Staatsicherheit Potsdam
Abteilung XX

Potsdam

Kuo, Xing-Hu, geb. am 12. 5. 38 in Djakarta, wh. Berlin/
Treptow, Orionstr. 29

    Genannte Person wird von uns op. bearbeitet und wirkte
als Nebendarsteller bei den von der DEFA gedrehten Filmen
„Das Mädchen aus dem Dschungel" und
„Schlafwagen Paris-München"
mit.
Wir bitten Sie, folgendes festzustellen:
1. Welche vertraglichen Vereinbarungen wurden mit Kuo
   abgeschlossen, soll er noch an weiteren Filmen mitwirken.
2. Welche finanzielle Vergütung erhielt er bei seiner Tätigkeit
   als Darsteller.
   **Wie verhielt er sich bei den Dreharbeiten in politischer
   und moralischer Hinsicht.**
3. Wurden engere Verbindungen des Kuo bekannt. (Er soll
   Verbindung zu „interessanten Personen" aufgenommen
   haben, während der Dreharbeiten in Dresden).
   Um baldige Erledigung wird gebeten.

                                         Volpert, ...

Ausländerhaß und Neid wegen Reis und Salz

Wenn Blicke töten könnten, ich wäre in der DDR einen tausendfachen Tod gestorben. Nirgendwo auf der Welt bin ich so viel Haß und Neid, Mißgunst und Unfreundlichkeit begegnet, wie in meinen 15 Jahren in der DDR, inklusive Stasi-U-Haft und Bautzen. In diametralem Gegensatz zur offiziellen Propaganda der „Völkerfreundschaft" und der „Internationalen Solidarität" bzw. des „proletarischen Internationalismus" wehte den Ausländern blanker Haß entgegen. Ich habe schon damals versucht, dagegen zu steuern und Erklärungen dafür zu finden. Etwa: der DDR-Bevölkerung geht es offenbar viel schlechter als ihren westdeutschen Landsleuten, das war schon damals genauso offensichtlich wie heute nach der Wiedervereinigung. Armut, wenn auch eine relative, erzeugt immer und überall Neid und Mißgunst.

Den Ausländern ging es in der DDR geringfügig besser als den Einheimischen. So sorgte die Karl-Marx-Universität Leipzig dafür, daß Ausländer im HO-Warenhaus in der Petersstraße regelmäßig Reis kaufen konnten, damals häufig eine Mangelware. Die tödlichen Blicke, die mich verfolgten, wenn die Verkäuferin mir demonstrativ ein Päckchen Reis gab und den hinter mir stehenden Deutschen fast triumphierend erklärte: „Das ist **nur für Ausländer!**", werde ich wohl nie vergessen können.

In Leipzig gab es wochenlang kein Salz zu kaufen. Um ein Pfund Salz im Werte von 16 Ostpfennigen zu ergattern, reiste ich mit der Bahn nach Ost-Berlin und zurück (für 32 Ostmark!) und ergatterte im Centrum-Warenhaus am Alex diese begehrte Mangelware. Mit Hilfe von einflußreichen Beziehungen gelang es mir später in Ost-Berlin, eine Neubauwohnung zu bekommen (durch den Präsidenten der Akademie der Künste, **Willi Bredel**), der mir auch zu einem Kühlschrank verhalf. Mit der Begründung, daß ich viele „prominente DDR-Bürger" in meiner Wohnung empfange, sei es „gesellschaftlich notwendig", daß ich diesen honorigen Gästen kalte Getränke servierte ... Dies sah die Wirtschaftsabteilung beim Stadtbezirk Berlin-Treptow ein. Genauso erhielt ich bevorzugt einen Fernseher, auf den man damals viele Jahre warten mußte. Später zog ich es jedoch vor, solche „Luxusgegenstände" einfach in West-Berlin zu kaufen, zumal sie qualitativ und technisch weitaus besser waren als die DDR-Produkte.

Offiziell gab es Ausländerhaß im „antifaschistischen Staat" DDR nicht. In meinen Stasi-Akten finde ich deshalb zwar eine Anzeige von mir gegen ein DDR-Ehepaar wegen ausländerfeindlicher Hetze, die Anzeige wurde aber nur zu den Akten gelegt ...

Nicht nur an Stamm- oder Biertischen wurde in der DDR offen oder versteckt Ausländerhaß und Rassismus verkündet und gefeiert. Gerade SED-Funktionäre wurden und werden nicht müde, auf die „Gefahren" durch Ausländer hinzuweisen, darunter auch die Stasi, die mehrere IM's gegen mich mit dem Hinweis warb, immer öfter würden gerade Ausländer für „staatsfeindliche" Aktivitäten angeheuert. Der Antisemitismus blühte ebenfalls: diesmal jedoch getarnt als „Anti-Zionismus" und gegen den „israelischen Imperialismus". Das SED-Zentralorgan „Neues Deutschland" und mit ihm die gesamte gelenkte DDR-Presse spuckte Gift und Galle gegen Israel, unterstützte massiv den arabischen anti-israelischen Kurs. Hier erfolgte eine gerade Linie vom „Völkischen Beobachter" zum SED-Zentralorgan „Neues Deutschland".

Wenig bekannt im Westen war die Tatsache, daß Tausende von ehemaligen aktiven Nazis keineswegs nur in Westdeutschland – wie die DDR-Propaganda pausenlos behauptete – Unterschlupf fanden, sondern genauso in der sog. „antifaschistischen" DDR. Angefangen von Generalfeldmarschall von Paulus (der Stalingrad-katastrophen-General), der die NVA der DDR aktiv mit aufbaute, bis hin zu NSDAP-Propagandisten, die in der SED -Führung wirkten, reichte die braune Palette weit und tief in die DDR hinein. Ein „Braunbuch" von Olaf Kappelt, erschienen in Westdeutschland Anfang der 70er Jahre, gibt detailliert Auskunft über die braune Soße der roten SED.

„Völkerfreundschaft" durfte in der DDR nur in Sonntagsreden gefeiert werden, mit „Bruderküssen" und Umarmungen. Private Kontakte oder Freundschaften mit Ausländern waren unerwünscht und vor allem verdächtig. Alle meine Freunde sind deshalb sofort entweder beobachtet oder zu „IM's" angeheuert worden. Dies war der vielgerühmte „proletarische Internationalismus" in den Farben der DDR.

Eines von vielen Beispielen zwischen Theorie und Praxis: während eines Ausflugs der Fakultät für Journalistik nach Rostock, beschimpfte der Dozent (!) an der Fakultät für Journalistik, Dr. Heinz G., eine Studentin als „Negerhure", weil sie mit einem Afrikaner getanzt hatte. Diese Entgleisung führte zwar zu einer Aussprache im „Parteikollektiv", dem Genossen G. geschah jedoch nichts, da er erklärte, er habe dies „natürlich nicht ernst gemeint", er habe „zuviel getrunken". Im Gegenteil, später wurde Dr. G. viele Jahre Leiter des Kulturamtes der Stadt Rostock. Hoyerswerda und Lichtenhagen lassen grüßen!

Wenn heute vom Osten Ausländerhaß tonnenweise in den Westen wie Giftmüll herüberschwappt, so ist auch dies eine der vielen üblen und stinkenden Erbschaften des kommunistischen Regimes, die wir mit aller Entschiedenheit zurückweisen müssen.

Zu Recht neidisch waren die DDR-Bürger auf ein wirkliches Privileg der Ausländer im „Arbeiter- und Mauernstaat": sie durften den „antifaschistischen Schutzwall" in Richtung Westen verlassen. Die 17 Millionen Deutschen der DDR waren, sieht man von einer kleinen privilegierten Kaste von „Reisekadern-West" einmal ab, zu denen prominente Schriftsteller und Künstler gehörten, in einem riesigen KZ (so Willy Brandt nach dem Mauerbau) eingesperrt. Sie durften wie die Sklaven des Altertums für einen kargen Lohn in Plattenbauwohnungen vegetieren – auch dies war schon ein Privileg! – und nach 18 Jahren

Wartezeit in einer Pappkiste namens „Trabbi" in ihrem großen Gefängnis oder Nachbargefängnissen (Polen, Tschechoslowakei, Rumänien, Bulgarien, Sowjetunion) herumfahren. Für mich unbegreiflich, daß sogenannte Kenner der DDR wie Günter Gaus heute noch dieses kriminelle System und Regime ständig in Schutz nehmen, in SED-Art auf den „Kalten Krieg" als Rechtfertigung für Schießbefehl und Zuchthauspolitik hinweisen.

Wieso hat denn eigentlich die alte Bundesrepublik, die ja auch im Kalten Krieg war, niemanden erschossen, der in die DDR (oder sonstwohin) übersiedeln wollte? Dieses Scheinargument ist genauso scheinheilig wie das Argument von der „Nischengesellschaft" oder daß die DDR-Bürger ja auch fröhliche Stunden und glückliche Zeiten erlebt hätten ...

Auch im kleinen Zuchthaus haben wir uns gelegentlich köstlich amüsiert und gelacht, ist dieses deshalb „nicht so schlimm"? Der Mensch versucht eben, in jeder Situation das Beste daraus zu machen. Lebt man in einem totalitären System, werden die meisten Menschen sich wohl oder übel anpassen. Das ändert aber kein Jota am verbrecherischen Charakter dieses Systems.

Auch im Zuchthaus Bautzen wurden wir nicht von Arbeitslosigkeit oder Mieterhöhungen bedroht. Ist es deshalb besser als die Freiheit mit ihren großen Chancen und Risiken zugleich? Manche Leute, die zu lange im Gefängnis gesessen haben, werden vom Licht der Freiheit geblendet und sehnen sich nach der Dunkelheit und Geborgenheit ihrer Zelle zurück, nach den grausamen, aber doch vertrauten Wärtern. So kommt mir manche Nostalgie-Äußerung einiger Jammer-Ossis und der um eine Illusion ärmer gewordenen Wende-Wüteriche im Westen vor ...

Der „verdächtige" Möbelverkauf

Die Stasi war allgegenwärtig: sie studierte offenbar auch penibel jede noch so kleine Anzeige in der DDR-Presse. „Verdächtig" war offenbar, wer Möbel oder Hausrat zum Verkauf anbot, könnte hier doch eine „Republikflucht" geplant sein.. Als ich in der Ost-„Berliner Zeitung" einige Möbel zum Verkauf anbot – mit Hilfe von Beziehungen gelang es mir, die heißbegehrten modernen Möbel von Hellerau (bei Dresden) zu ergattern – wurden gleich zwei „Damen" zu mir geschickt, wie aus beigefügter Notiz der Stasi hervorging:

Hauptabteilung XX/6   *Berlin, d. 1. 4. 1964*

Aktenvermerk

Betr.: Vorlauf-Operativ...

Durch die Abt. 26 wurde bekannt, daß Kuo eine Annonce zum Verkauf von Möbeln aufgegeben hat.
Eine Überprüfung ergab, daß in der „Berliner Zeitung" vom heutigen Tage, S. 4, folgende Annonce erscheint:
Heli-Radio 475,–; Ziphona-Plattenspieler 125,–; Schreibtisch dkl. 100,–; Bücherschrank hell 275,–; 2 Stühle je 35,–; gr. Handatlas 50,–; Bett hell 75,–. Kuo, Plänterwald, Orionstr. 20, II.
Gleichzeitig teilt die Abt. 26 die Aufgabe eines Telegrammes mit:
Empf.: *Greifried, Gerhard, Bln. NO 55,*
Inhalt: *Bitte komme heute 18.00 Uhr zu mir*

Kuo

Aktenvermerk

Betr.: *Vorlauf-Op.*

Auf Grund der Mitteilung der Abt. 26 *und des Erscheinens der Annonce in der „Berliner-Zeitung", wurden die GI „Michael" und „Janett" beauftragt, den K. in seiner Wohnung aufzusuchen und den Kontakt herzustellen.*
Sie sollen dabei Interesse am Kauf der annoncierten Gegenstände zeigen, wobei „Janett" den Plattenspieler kaufen soll.

Nach den bisher vorliegenden Ergebnissen, ist es „Janett" gelungen, einen persönlichen Kontakt zu K. herzustellen. K. hat sich mit „Janett" wieder verabredet und möchte mit ihr ausgehen. Er zeigt starkes Interesse an „Janett".

„Michael" konnte einen persönlichen Kontakt nicht herstellen.

Tonbandabschrift

Bericht Kontaktperson „Jeanett"

Am 1. 4. 1964 suchte ich entsprechend der Instruktion die Wohnung des Herrn Kuo, Xing-hu auf. Beim Betreten des Hauses stellte ich an den Briefkästen keine Beschriftung dieses Namens fest. Im III. Stock wohnt Herr K. in einem Zimmer. Beim Betreten der Wohnung trug ich mein Anliegen vor, daß ich wegen der Annonce komme. Er fragte mich, für was ich mich interessiere und stellte mir dann den Platten-spieler vor, indem er mir einige Platten vorspielte.

Er nannte den Preis und ich erklärte mich bereit, diesen Plattenspieler zu kaufen.

Im weiteren Verlauf des Gesprächs bot er mir noch weitere Gegenstände seiner Wohnung an, die er verkaufen wollte. Nach ungef. 15–20 Minuten Anwesenheit in der Wohnung, kam eine weitere Dame, mittleren Alters, Anfang 30, ca. 165–170 m groß. Diese wollte ein Radio kaufen. Der Preis war ihr aber zu hoch und sie sagte, sie wolle sich das noch einmal überlegen, sie ließ sich die Tel.-Nr. geben und ging nach ca. 10 Minuten wieder aus der Wohnung.

Im weiteren Verlauf versuchte ich mit K. etwas näher ins Gepräch zu kommen und knüpfte an ein Wandbild an, was mit Indonesien beschrieben war. Ich fragte ihn, ob es seine Heimat wäre, was er bejahte. Des weiteren, ob er schon lange in Deutschland ist, welche Tätigkeit er hier ausübt und ob er die deutsche Sprache sehr schwer erlernte usw. Im all-gemeinen gab er nur sehr kurze Antworten, die er mehr oder weniger mit ja oder nein beantwortete.

Er war in seinen Äußerungen sehr zurückhaltend. Er fing dann an, mich zu fragen, ob ich allein wohne, ob ich eine Wohnung habe und welche Tätigkeit ich ausübe, ob man gut verdient als Wissenschaftlerin. Diese Fragen beantwortete ich ihm entsprechend den Tatsachen.

137

Er fragte mich dann nach meiner Adresse, die ich ihm auch gab und auch nach einer Tel.-Nummer, ob er mich einmal anrufen dürfe. Ich gab ihm die Telefonnummer meiner Dienststelle. Er wollte mich für den Abend einladen bei ihm zu bleiben, was ich aber aus Zeitmangel ablehnte. Er versuchte dann eine Verabredung für kommenden Sonnabend zu treffen. Ich erklärte ihm allerdings, das wäre diesen Sonnabend nicht möglich, da ich schon anderweitig festgelegt sei.

Es könnte höchstes sein nächsten Sonnabend, daß wir einmal zuammentreffen könnten. Er sah im Notizbuch nach und sagte am 11. 4., er würde mich in meiner Wohnung besuchen und fragte was ich dann trinke. Er sagte, er würde dann eine Flasche Cognak mitbringen.

*Er hätte zur Zeit keinen in der Wohnung und bot mir Wodka an, entschuldigte sich noch, daß er keinen Moskauer Wodka hätte. Er fragte mich dann über meine Freizeitbeschäftigung, nach meinen persönlichen Verhältnissen, über meine Eltern und wollte sich also ein gewisses persönliches Bild über meine Person verschaffen. Bei den Fragestellungen verhielt er sich nicht aufdringlich, zeigte aber doch eine gewisse Neugierde für meine Person, die sich dann im weiteren Verlauf der Unterhaltung auch darin ausdrückte, **daß er sich unmittelbar neben mich setzte.** Ich fragte ihn noch, ob er weitere Gegenstände, u.a. seine Bücher, verkaufen würde. Er sagte, einige Bücher würde er verkaufen. Ich stellte dabei fest, daß er u.a. einen Band Lenins hatte, den Roman „Die Lebenden und die Toten" und verschiedene chinesische Gedichtsbände. Dann einen Roman von Anna SEGHERS, „Das Siebente Kreuz". U.a. war auch ein Buch über Religionslehre darunter und verschiedene Bücher in englischer Sprache.*

Die Schallplatten, die er hatte, waren ein ganzer Teil Tanzmusik und dazwischen gemischt, verschiedene Kampflieder und Lieder von Brecht usw. und ich habe mich in der Form verhalten, daß ich die Kampflieder bei Seite legte, wobei ich den Eindruck hatte, daß er mich beobachtete, wie ich auf die einzelnen Platten reagierte. Ich wählte mir einige

Tanzlieder aus und eine Platte von Liedern mit Brecht.

Die anderen Platten legte ich bei Seite. Er hatte einen Briefumschlag mit indonesischen Briefmarken auf dem Schreibtisch liegen und ich bat ihn darum, ob ich mir die Namen nehmen könnte und er händigte mir das Kuvert aus.

In der weiteren Unterhaltung fragte er dann, ob ich verheiratet bin und er brachte dann das Gespräch auf ein bestimmtes Problem in der Hinsicht, daß es doch besser wäre, erst bis zu 30 Jahren auszuprobieren, denn es gäbe heute genügend Beispiele, wo die Ehen nicht standhaft sind und auseinandergehen und da sei es doch besser, man lerne sich erst gegenseitig kennen.

Ich stimmte ihm in dieser Hinsicht zu und stellte daraufhin sofort fest, daß er sehr zutraulich wurde und immer näher rückte.

*Er bot mir weiterhin **Wodka** an, welchen er **in Sektgläsern** servierte. Ich stellte dabei fest, daß er eine ziemliche Menge von Alkohol bzw. auch leere Flaschen in seiner Wohnung stehen hatte.*

Er berichtete noch, daß er als Journalist in der DDR studiert habe und jetzt zur Zeit in Aspirantur steht und daß er im Frühjahr dieses Jahres seine Aspirantur beendet.

Auf die Frage, warum er die Gegenstände seiner Wohnung verkauft, gab er nur ausweichende Antworten in der Form, daß er nicht weiß, was wird und man kann ja nicht wissen, er habe zwar die Absicht in der DDR zu bleiben, aber man weiß nicht, er will auch in Berlin bleiben und verhielt sich in der Hinsicht sehr ausweichend und legte sich in keiner Hinsicht fest.

Ich versuchte das Thema seiner Dissertation in Erfahrung zu bringen. Er äußerte sich dazu aber nicht. Er erklärte nur allgemein, daß er es über Indonesien schreibe.

*Insgesamt hatte ich **keinen guten Eindruck** von K. In der Wohnung war es **sehr dreckig und schlampig.***

*Er selbst hatte ein sehr unangenehmes Äußeres, sehr lange Haare, einen etwas schmuttlichen Pullover und verhielt sich sonst im allgemeinen sehr **legär** und ließ sich gehen, so daß man keinen günstigen Eindruck von ihm hatte. Er sprach*

verhältnismäßig gut deutsch, erklärte, daß er außerdem noch
englisch spricht und ich hatte den Eindruck, daß er sich nicht
sehr wohl fühlte in seiner Haut, er machte einen gewissen
pessimistischen Haltung und man konnte das Gefühl haben,
daß er von irgendwelchen Seiten geschoben wird und mit
seiner heutigen, jetzigen Situation nicht sehr zufrieden ist.
   In der Unterhaltung am 1. 4. in seiner Wohnung gab er
mir zu verstehen, daß er Besitzer eines Volkswagens wäre,
der aber leider zur Zeit in Reparatur sei, denn sonst würde er
mich nach Hause bzw. zur Probe des Orchesters bringen. Ich
bedankte mich für dieses Angebot und erklärte, ich habe
günstige Möglichkeiten von hier aus auch mit dem Bus zu
meiner Orchesterprobe zu fahren.

Nachbemerkung:

Als die bereits erwähnte Dame die Wohnung betrat, frug er
diese, ob sie Frau Schneider wäre. Was die Dame aber
verneinte. Daraus schloß ich, daß er eine bestimmte Frau
Schneider erwartet hat. Ich stellte ihm im Verlauf des
Gesprächs u.a. auch die Frage, wie lange er den Verkauf
durchzuführen gedenke. Er sagte, daß er mit ca. 14 Tagen
rechnet, bis er alles verkauft hat, wenn sich keine Interes-
senten bei ihm melden, beabsichtigt er die restlichen
Gegenstände in einem Gebrauchtwarenladen unterzubrin-
gen, die dann den weiteren Verkauf durchführen.

WOHNUNGSPLAN

Wohnungsskizze der Wohnung Bln.-Treptow,
Orionstraße 29.
Die Skizze wurde nach Angaben von ... gefertigt.
Nicht maßstabgerecht.

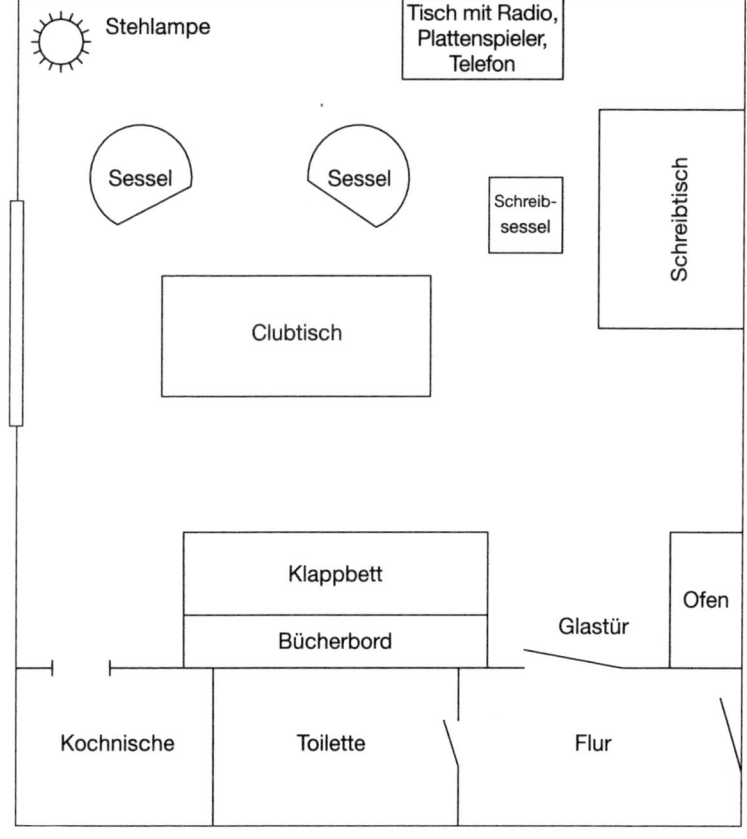

Bericht

über durchgeführte Kombinationen zum Vorgang

Im Op.-Plan vom 5. 3. 1964 wurde unter Punkt 2 c festgelegt, daß der GI „Eddy" mit Hilfe einer Kombination an den im Op.-Vorlaufbeschuldigten Kuo angeschleust werden sollte.

K. inserierte am 1. 4. 64 in der Berliner Zeitung und bot Möbel udgl. zum Verkauf an.

„Eddy" wurde beauftragt, den K. in seiner Wohnung aufzusuchen und Interesse am Kauf der aufgeführten Möbel und auch des Zimmers zu zeigen.

„Eddy" kam mit dem K. auch in ein Gespräch und konnte dabei feststellen, daß K. nicht die Absicht hat, die DDR zu verlassen, sondern sich neue Möbel kaufen wolle. *Er sprach auch von einer größeren Wohnung, die er über seine Beziehung erhalten wird. Diese Angaben von „Eddy" wurden von KP „Janett" und „Topas" bestätigt.*

Am 26. 4. 1964 erhielt die KP „Topas" den Auftrag, K. zu bewegen, am 29. 4., an diesem Tag hatten sich beide verabredet, das Restaurant Moskau zu besuchen.

„Topas" erfüllte diesen Auftrag und teilte am 28. 4. telefonisch mit, daß sie mit K. am 29. 4. die Bar des Restaurants Moskau besucht.

„Eddy" erhielt den Auftrag, sich für den 29. 4. freizuhalten, da K. von uns beobachtet wird und „Eddy" dann das Lokal aufsuchen soll, wo sich K. aufhält.

Gegen 21.30 Uhr wurde „Eddy" informiert, daß sich K. mit einer weiblichen Person in der Bar des Hauses Moskau aufhält. „Eddy" erschien dort und nahm unmittelbar an der Bar Platz. Er wurde zunächst von K. nicht bemerkt. Nach ca. 30 Minuten ging K. mit „Topas" zur Bar und begrüßte zunächst den Geschäftsführer mit Handschlag.

Dabei bemerkte er den „Eddy", begrüßte ihn freudig und mit Schulterklopfen und stellte ihm „Topas" vor. Alle drei Personen hielten sich zunächst weiter in der Bar auf und begaben sich dann an den Tisch, an dem K. vorher mit „Topas" gesessen hat.

*„Eddy" war instruiert, daß uns die weibliche Person interessiert. **Ihm ist nicht bekannt, daß es sich hierbei um einen IM von uns handelt.***

Ebenso wie „Topas" keine Kenntnis von der Verbindung „Eddy" zum MfS (Ministerium für Staatssicherheit) hat.

„Topas" und „Eddy" verhielten sich zwanglos und gaben nicht zu vestehen, daß sie die operativen Mitarbeiter, die sich zu diesem Zeitpunkt in der Bar befanden, erkannten bzw. bemerkten.

Treffbericht

Quelle: *KP „Topas"*
Zeit: *26. 4. 1964, 14.00–16.00 Uhr*

Die KP erschien pünktlich am vereinbarten Treffpunkt. Der Treff wurde gemeinsam mit dem Gen. Hptm. Schule durchgeführt.

Die KP berichtete, daß sie wie vereinbart, am 25. 4. 1964 bei Kuo war. Er holte sie mit seinem PKW ab und brachte sie auch wieder nach Hause.

Sie konnte feststellen, daß sich Kuo vollkommen neu eingerichtet hat. So hat er folgende neue Möbel in seiner Wohnung:

1 Wandklappbett
1 Tisch
2 Sessel
1 Radio
1 Plattenspieler
1 Elektr. Heizofen.

Die Möbel kaufte er nach seinen Angaben im Einrichtungshaus am Frankfurter Tor. Wie er der KP berichtete, haben die beiden Sessel zusammen 500,– DM gekostet. **Wie bereits bei ihrem 1. Besuch konnte sie feststellen, daß er sehr viel Gegenstände aus WB (West-Berlin) in seinem Besitz hat. So sind z.B. die 3 letztgenannten Gegenstände fabrikneue Westfabrikate.**

Während ihres Aufenthaltes in der Wohnung des K. erhielt dieser einen Anruf von einem ihr unbekannten Herrn. Aus dem geführten Gespräch, was in englischer Sprache geführt wurde, konnte sie entnehmen, daß beide sich für eine Zusammenkunft vereinbarten. Die KP versteht einige Worte englisch, ohne jedoch diese Sprache perfekt zu beherrschen. Wie er ihr anschließend erzählte, handelt sich bei diesem

Freund um einen gewissen ... aus Sansibar, der jetzt in der DDR studiert bzw. sich aufhält. Wie er weiter berichtete, soll dies ein eingehender Minister Sansibars sein. **Den Namen ... hatte sich die KP auf der Toilette aufgeschrieben, um ihn nicht zu vergessen.** *Zu den Fragen seiner Neuanschaffungen, konnte sie im Gespräch noch feststellen, daß er in nächster Zeit noch einen Kühlschrank der Marke „Kristall" bekommt. Als sie ihm die Frage stellte, daß dies doch sehr kostenspielig ist, diese großen Anschaffungen, äußerte er, daß durchaus die Möglichkeit besteht, daß er diese Dinge im nächsten Jahr wieder verkauft und sich wieder neue kauft. Er ging jedoch nicht näher auf seine Einkünfte ein, bemerkte jedoch beiläufig, daß er mit Übersetzungen einige Nebeneinnahmen hat. Teilte ihr jedoch nicht mit, für wen und welche Übersetzungen er durchführt.*

In diesem Zusammenhang berichtete er ihr, daß er guten Kontakt zu der Schriftstellerin Prof. ... hat. Er lud die KP zu einem Besuch der genannten in ihrem Haus in Potsdam ein. Er sei auch sehr gut mit dem Sohn dieser Freundin bekannt, und leihe ihm oft seinen Wagen.

K. benahm sich der KP gegenüber relativ anständig. *Die KP hatte ihm vorher mitgeteilt, daß sie wenig Zeit hat, da ihr kleiner Sohn allein zu Hause ist und sie nicht so lange von zu Hause wegbleiben möchte, da die Möglichkeit besteht, daß sich die Polizei für sie interessieren könne, vor allem, ob sie ihrer Sorgepflicht nachkommen würde. Sie berichtete ihm dies im Zusammenhang mit der Inhaftierung ihres ehem. Verlobten durch die VP (Volkspolizei).*

K. zeigte sich bei diesen Ausführungen sehr aufmerksam und brachte ihnen Verständnis entgegen. **Er bemerkte in diesem Zusammenhang, daß er wohl auch überwacht werde, da bestimmt alle Ausländer in der DDR unter Kontrolle gehalten werden. So hätte er das bestimmte Gefühl und sei auch davon überzeugt, daß sein Telefon überwacht wird.** *Die KP verhielt sich hierbei so, daß sie zum Ausdruck brachte, daß sie dies nicht glaube und sich auch nicht vorstellen könne. K. ging jedoch nicht weiter auf seine Äußerungen ein. K. war interessiert, mit der KP weiter in*

Kontakt zu bleiben. Sie verabredeten sich für Mittwoch, den 29. 4. 1964 erneut. Mit der KP wurde vereinbart, daß sie versuchen soll, den K. zum Besuch der BAR im Haus „Moskau" zu bewegen, damit wir den K. einmal persönlich sehen. Die KP wird telefonisch mitteilen, ob sie den K. zu diesem Besuch bewegen kann.

Der verhinderte Doktortitel

Fast wäre ich in der DDR zum „Dr. phil." geworden, aber eben nur „fast". Dazu war ich nicht „parteilich" genug, ich wies angeblich „nationalistische" Tendenzen auf, wie ein wiederum geheimer Vermerk der Karl-Marx-Universität **(nur für den Dienstgebrauch)** belegt. So wurde ich trotz abgelieferter Doktorarbeit kein DDR-„Dr.", vielleicht auch ganz gut so, denn er wäre ohnehin im Fach Geschichte heute nur etwas für den Papierkorb.

Aufschlußreich für das wissenschaftliche Niveau in der DDR ist die Bemerkung eines Spitzels, was Holland mit Chinesen in Indonesien zu tun habe ... Indonesien war bekanntlich 300 Jahre eine holländische Kolonie, und wer über dieses Land eine fundierte wissenschaftliche Arbeit leisten will, kommt gar nicht umhin, in Holland (in den dortigen Bibliotheken und bei dortigen Wissenschaftlern) Materialien zu studieren!

In Holland gibt es nämlich die besten Sammlungen zu Indonesien, sogar mehr als auf dem Inselreich selber, genauso können Sie in Frankreich mehr Material über französische Kolonien finden als in dessen Überseeprovinzen oder in England über britische Kolonien. Davon weiß die Stasi, die „alleswissende" Institution der DDR, natürlich gar nichts.

Interessant an meinem Doktorhut ist heute mein bislang gescheiterter Versuch, NACH der Wende diesen Titel an der Leipziger Universität zu bekommen, obwohl die Ablehnung meiner Doktorarbeit rein politischer Natur war. Die roten Seilschaften dort boten mir „großzügigerweise" an, ich möge doch eine „neue Doktorarbeit" schreiben, mit 55 Jahren und einer 70 %-Behinderung! So wird die Vergangenheit an den ostdeutschen Universitäten „bewältigt", nämlich so gut wie gar nicht.

Gott sei Dank bin ich nicht so titelgeil, ansonsten könnte ich mir ja vom schönen Konsul Weyer vielleicht auch leicht einen paraguayischen Professorentitel zulegen.

Mir genügt der ehrenvolle Titel „Professor der Knastrologie", erworben in Mielkes-„Privat-KZ" Bautzen II ...

Notiz über Wechsel von Herrn K. nach Berlin

*Nachdem das Staatssekretariat der Übernahme von K. in die volle Aspirantur zugestimmt hatte, äußerte K. den Wunsch, zwecks intensivem Materialstudium in den Berliner Bibliotheken und Archiven für ein viertel Jahr nach Berlin überzuwechseln. Er berichtete mir, daß er bereits in Berlin Wohnmöglichkeit hätte und im Dezember diesen Jahres mit dem Rohbau der Promotion nach Leipzig zurück käme. Dazwischenliegende Aussprachen mit seinem Betreuer, Herrn Dr. Piazza, würde er mir brieflich mitteilen und ich solle ihm dann durch Zusenden eines Dienstreiseauftrages die Reise ermöglichen. Ich beauftragte Herrn K., mir zu diesem Vorhaben die Zustimmung seines Betreuers zu bringen, der dann auch die Notwendigkeit dieser Fahrt bestätigte. Seine Adresse: **Berlin/ Niederschönhausen**, Treskowstr. 66 bei Hiller.*

Vor einigen Tagen erhielt ich allerdings einen Brief mit 3 beigelegten Anträgen auf Ausreise nach Holland (Amsterdam/Leiden) mit der angeblichen Begründung, dort in Bibliotheken Material sammeln zu müssen. Als Dauer der Reise gab er an: Oktober bis Dezember. Außerdem gab er mir an, in Nichtachtung des ihm durchaus bekannten öffentlichen Dienstweges über das Staatssekretariat, die Anträge sofort zur Chinesischen Botschaft zu senden, z. Z. befinden sich die Anträge auf dem Wege zum Staatssekretariat. Was Materialsammlungen über das Problem der Auslandschinesen in Indonesien mit Holland zu tun haben sollten, ist völlig unklar. Ein Verbot der Reise durch uns ist uns aber leider auch nicht gegeben. Dr. ... ist z. Z. nicht zu erreichen.

Beiliegend die interessante Bemerkung von ... über die Tendenzen und Arbeit von Herrn K. Es muß mit dem Staatssekretariat beraten werden, ob unter diesen Umständen die Aspirantur fortgesetzt werden kann.

Anlage für das Prorektorat

(nur zum Dienstgebrauch)

Die von Herrn K. vorgelegte Konzeption der Dissertation „Die Rolle der Auslandschinesen in Indonesien bei der Herausbildung der nationalen Befreiungsbewegung in Indonesien (1908–42)" weist **ernste politische Mängel auf.** *Entgegen der mehrfachen Absprachen bei der Festlegung des Arbeitsthemas hat sich Herr K. in seiner Konzeption nicht an die konzipierte Linie gehalten. Es war vereinbart worden, daß er*

1. *von einem strikt internationalistischen Standpunkt an die Wertung der Rolle der Auslandschinesen in Indonesien herangeht und in* **keiner Weise in nationalistisches Fahrwasser** *abgleitet*
2. *den Kampf der Auslandschinesen in den Rahmen der indonesischen Nationalbewegung einbettet*
3. *eine sorgfältige Differenzierung zwischen den einzelnen Gruppen der Auslandschinesen in Indonesien vornimmt und sie nicht als eine homogene Masse darstellt*
4. *er seine Arbeit als historisches Thema anpackt und* **aktuelle Bezüge tunlichst vermeidet.**
   Herr Kweo hatte dem zugestimmt und selbst einige dieser Grundgedanken formuliert.
   Seine vorliegende Konzeption widerspricht in den Hauptpassagen diesen Vereinbarungen. Offensichtlich macht sich hier der **Wechsel der Staatsbürgerschaft bemerkbar.**
1. *Er bringt eine ausgesprochen* **nationalistische Note** *in seine Konzeption hinein.*
2, *Er stellt oftmals die Auslandschinesen als die Initiatoren der indonesischen Nationalbewegung hin, was den objektiven Tatbeständen keinesweg entspricht.*
3. *Er nimmt keine Differenzierung der Auslandschinesen in Indonesien vor, stellt die als homogene progressive*

Gruppe dar und läßt die reaktionären Kräfte der Auslandschinesen, die sich gegen die indonesische Befreiungsbewegung und die fortschrittlichen Chinesen selbst stellten, sehr betont in den Hintergrund treten.

4. *Er aktualisiert in seiner Konzeption sein Thema über Gebühr und bringt eine ausgesprochen **dogmatische Position** ins Spiel. Er spricht von faschistischen Progromen in Indonesien gegenüber den Chinesen in der letzten Zeit, von reaktionären Führern Indonesiens usw.*

Ich werde mit Herr K. hierzu eine spezielle Aussprache führen. Sollte er jedoch von seiner Konzeption nicht abgehen, sehe ich kaum noch die Möglichkeit, die Verantwortung für die Arbeit des Herrn K. zu übernehmen.

Ich möchte Sie nochmals bitten, wie das schon im offiziellen Jahresabschlußbericht geschehen ist, zu erwägen, ob es wegen des Umzugs von Herrn K. nach Berlin und der Tatsache, daß in Berlin ein ausgewiesener Indonesienspezialist arbeitet, der die aktuelle indonesische Problematik aus eigener Erfahrung kennt, nicht angemessen wäre, wenn Herr K. seine Aspirantur in Berlin fortsetzen und abschließen sollte.

KARL-MARX-UNIVERSITÄT

INSTITUT FÜR ALLGEMEINE GESCHICHTE
DIREKTOR PROF. DR. W. MARKOV

ABT. GESCHICHTE DER NEUZEIT
LEIPZIG C1, PETERSSTEINWEG 8 · TEL. 34206

am 4.Sept.1964 Az.: Dr.Pi/A.

Herrn
K.
Berlin-Treptow
Orionstr. 29

Werter Herr K.!
Nach Rücksprache mit Herrn Prof. Dr. Markov bitte ich Sie,
zwecks Aussprache über das Erst-Manuskript Ihrer Dissertation am 25. September 1964 nach Leipzig zu kommen.
    *Die Durchsicht Ihres Entwurfes macht deutlich, daß eine persönliche Aussprache unabdingbar ist, weil das Institut vor allem von **wissenschaftlicher** und auch von **politischer Seite aus ernste Bedenken gegen die gegenwärtige Erstfassung** einwenden muß.*
    Ich bitte Sie aus diesem Grunde, zum angegebenen Termin (möglichst Vormittags) im Institut vorzusprechen und erwarte Ihren diesbezüglichen Bescheid.

Mit besten Grüßen
Dr. H. Piazza

Sehr geehrter Herr Xing-Hu Kuo!

Ihr Schreiben vom 12. 7. 1990 zu Ihrem 1964 angestrebten Promotionsverfahren haben wir sowohl Herrn Prof. Dr. Dr. Markov zur Kenntnis gebracht als auch in der Sitzung der Fakultät für Philosophie und Geschichtswissenschaft am 31. 8. 1990 beraten.

*Ganz offensichtlich sind Sie damals wie heute dem Irrtum unterlegen, daß mit der Vorlage einer Schrift automatisch ein Promotionsverfahren eröffnet sei und dies mit der Verleihung des Doktorgrades enden müsse. Wie aus dem von Ihnen übergebenen Brief vom 4. September 1964 hervorgeht, hat es sich bei Ihrer Schrift um den **Entwurf** zu einer **Dissertation** gehandelt, der üblicherweise durchgesehen und mit dem Doktoranden **kritisch beraten wird,** damit auf dieser Grundlage die Endfassung entstehen kann. Allem Anschein nach hat dieses Gespräch auch stattgefunden, doch ist von Ihnen die Endfassung, also die **eigentliche Dissertation,** in der erforderlichen **Anzahl (4) mit Thesen und allen weiteren Unterlagen nicht eingereicht worden.***

*Da Einzelheiten heute nicht mehr feststellbar sind, bietet Ihnen die Fakultät an, **Ihre Schrift erneut einzureichen,** um nunmehr **ein ordentliches Promotionsverfahren** durchführen zu lassen.*

*Einzelheiten zu den Bedingungen des Verfahrens würden Sie zweckmäßigerweise mit dem Sekretär des Wissenschaftlichen Rates, **Doz. Dr. Dorn,** beraten.*

*Mit vorzüglicher Hochachtung
Lothar Kreiser
Prof. Dr. sc. **Kreiser**
Dekan*

Ein „Spion" mit Mercedes, VW und Hansa-Lloyd

In den Einschätzungen der Stasi, ihrer Spitzelinnen sowie zahlreicher Denunziantinnen wird immer wieder der Verdacht ausgesprochen, ich sei ein „westlicher Agent". Beweise gab es nicht und konnte es auch nicht geben, ich war weder westlicher, östlicher noch chinesischer Spion. Je harmloser ein Mensch in einem totalitären System mit krankhafter Spionagefurcht und Verfolgungswahn war, um so verdächtiger, raffinierter wirkte er. Wenn ein ernstzunehmender Abwehrmann die vielen Berichte über mich gelesen hätte, müßte er eigentlich automatisch zu dem Schluß kommen, daß ich niemals ein Agent sein könnte. Dazu war mein Lebensstil in einem totalen Überwachungsstaat wie der DDR, was die gegnerischen Dienste natürlich wußten, einfach viel zu irrsinnig:

Auf Hunderten von Seiten wurde berichet, wie ich in kleinem und größerem Kreis offen meine Abneigung und Verachtung gegenüber dem kommunistischen System in der DDR und im europäischen Ostblock zum Ausdruck brachte. Kann selbst ein Anfänger in der Spionage so etwas Blödes tun, täglich Dutzende von Malen ins Fettnäpfchen treten, sich Feinde machen? Ein Agent muß sich wie ein Chamäleon seiner Umgebung anpassen, das Vertrauen der Auszuspionierenden durch „positive" Reden und Verhaltensweisen gewinnen, um so in den engsten Kreis der Geheimnisträger aufgenommen zu werden. Ich tat genau das Gegenteil. Meine absolut bourgeoise und hedonistische Lebensweise war ebenso selbstmörderisch, wenn ich ein Agent gewesen wäre und hätte meine sofortige Ablösung durch meine „Chefs" im Westen nach sich gezogen: ich trank nicht nur ziemlich viel Alkohol, dazu auffallend fast nur westlichen, lediglich mein Wodka war russisch, sondern fuhr drei (!) auffallende West-Autos: einen schwarzen Mercedes-Benz, einen VW-Käfer sowie einen „Hansa-Lloyd" (Borgward). In der damaligen DDR waren alle drei Marken so selten wie die Nadel im Heuhaufen. Wohin ich als Chinese – auch dies sehr auffällig – mit einem meiner Autos ankam, wurden Fenster geöffnet. Ich garantiere Ihnen, daß spätestens 30 Sekunden später die nächste Stasi-Dienststelle im Bilde war und hinter mir her fuhr (was ja auch der Fall war!), um mich penibel zu beobachten.

Meine zahlreichen Damenbekanntschaften, die zwar zu einem erheblichen Teil von der Stasi gesteuert waren, sind ebenfalls für jeden Agenten – sieht man einmal von James Bond ab – ein ausgesprochenes Tabu.

Ein West-Agent in der DDR hätte dort allenfalls einen mausgrauen Trabbi oder Wartburg gefahren, ein solides Eheleben geführt – nach Gebot neun der sozialistischen Moralvorschriften – sich bei Alkohol zurückgehalten, keine Westzigaretten und Alkoholika sowie Kleidung aus West-Berlin benutzt, sondern brav Wilthener Schnaps oder Nordhäuser Korn sowie VEB-Fortschritt-Klamotten ge-kauft ...

Da ich jedoch gegen alle elementaren Regeln der Spionage handelte und lebte, war dies nicht etwa eine Entlastung, sondern machte die Stasi erst recht verrückt. Zumal sie feststellte, daß ich für die DEFA kleinere Rollen spielte: so als japanischen Mörder Okamura in einem DDR-Krimi (mit Eva-Maria Hagen, der „Sexbombe der DDR" und Mutter von Nina Hagen, Hanjo Hasse usw.). Messer-scharf schlußfolgerte die Stasi, ich besäße „schauspiele-rische Fähigkeiten", so daß mein Anti-Spionage-Verhalten vielleicht ein besonders raffinierter Trick war, um die Stasi an der Nase herumzuführen. Deshalb auch gleich Anfragen beim Deutschen Fernsehfunk der DDR nach „Verdachts-momenten" ...

Mielkes Krake war vor allem krank, paranoid, von Spionitis zerfressen, überall Verrat und Verschwörungen witternd, so wie es die Kommunisten nunmal seit jeher selbst praktizieren.

Als dann in West-Berlin ein noch nicht enttarnter Stasi-

154

Agent mit Decknamen „Held" (!) berichtete, ich sei an Fluchtaktionen einiger meiner Freunde beteiligt und hätte mich westlichen Agentenzentralen „angeboten", war der Zeitpunkt gekommen, den „Vorgang durch Inhaftierung...zu liquidieren!.

Alles weitere können Sie meinem Buch „EIN CHINESE IN BAUTZEN II" ENTNEHMEN:

Betr.: K.

Wie mir heute unser Assistent Thomas Nikolaou (Grieche) mitteilte, soll sich der ehemalige Student unserer Fakultät -- K. - einen PKW in Westberlin gekauft haben. Diesen Wagen hat er mit nach Leipzig gebracht und erhält nun von der örtlichen Polizei keine Nummer für den Wagen. K. soll durchschnittlich jeden Monat nach Westberlin fahren. Zur Zeit ist er Aspirant bei Prof. Markov und hat gleichzeitig eine halbe Planstelle als Assistent im Ostasiatischen Institut der Karl-Marx-Universität inne.

Weiterhin teilt Th. Nikolaou mit, daß K. über längere Zeit mit einem griechischen Studenten (der K.-M.-Uni.-Medizin) ... im Studentenheim der Nürnbergerstraße in einem Zimmer wohnte. Dieser Student wurde Ende April/Anfang Mai 1962 republikflüchtig. Zuvor gab es mit diesem Studenten heftige Auseinandersetzungen über Studienbummelei und über seine politisch falschen Ansichten. Ein anderer griechischer Freund von Th. Nikolaou erzählte ihm, daß er K. eines Tages im Wohnheim besuchte. Dabei fiel ihm auf, daß K. (zusammen mit dem ehemaligen Journalistik-Studenten Kirsten, der bereits vor längerer Zeit exmatrikuliert wurde) in einem Buch über Hitler las. Titelbild von Hitler bezeichnet mit: „Mein Führer" oder „Unser Führer"!

Des weiteren teilte Th. Nikolaou mit, daß K. damals (vor ca. 1 Jahr) von seiner indonesischen Regierung zurückberufen wurde.

Grund: *K. hatte **für den Ami gearbeitet.** Nähere Einzelheiten* *haben indonesische Studenten der Gen. Sauer (Mitarbeiterin im Ausländerstudium der KMU – Sitz Nürnbergerstraße) mitgeteilt.*

Das Ziel von K. war bisher schon immer die chinesische Staatsbürgerschaft zu erhalten und sein Studium nicht in Leipzig, sondern in **Peking bzw. Schanghai zu beenden.**

Treffbericht

Quelle: KP „Topas"
Zeit am 30. 4., 21.00–21.45
Wohnung der KP

Die KP berichtete über ihr Zusammentreffen mit dem Kuo am 29. 4. 64 in der Bar des Restaurants Moskau.

Das Gespräch in der Bar drehte sich nur um alltägliche Dinge. Sie konnte dabei in Erfahrung bringen, daß K. durch Übersetzungen nebenbei Geld verdient. Er sprach von Beträgen bis zu 6000,– DM. Auffallend ist, daß im Gespräch mit K. ständig die Polizei eine Rolle spielte.

So äußerte er ihr gegenüber, daß in der Bar faßt jeder zweite Besucher Mitarbeiter der Polizei sei. Es sei überhaupt nicht gut, oft in diese Bars zu gehen, da man als Ausländer ständig unter Kontrolle steht.

So verstieg er sich sogar zu so einer Behauptung, daß das Einlaßpersonal von der Polizei auf diesen Posten gesetzt wurde, eigens zu dem Zweck, die Besucher zu registrieren.

Als die KP daraufhin scherzhaft äußerte, daß sie dann wohl auch von der Polizei wäre, sagte er, warum nicht! Sie sei doch eine junge attraktive Frau, deren sich die Polizei gern bedient. *Im Verlauf des weiteren Abends traf K. in der Bar einen alten Bekannten. Wie er ihr erzählte, handelt es sich bei diesem Mann um einen Türken, der als Kaufmann tätig ist. Aus den weiteren Gesprächen konnte sie entnehmen, daß dieser Freund gerade aus Moskau zurückgekommen ist und eine Wohnung sucht. K. gab ihm dabei einige kleine Tips. Wie er ihr weiter erzählte, lernte er diesen Türken in Sofia kennen. Im Verlauf des Abends forderte dieser Türke sie zweimal zum Tanzen auf. Er versuchte dabei auch mit ihr zu verabreden und sie gab ihm auch ihre Adresse.*

Er will ihr schreiben und mit ihr eine Zusammenkunft ohne K. vereinbaren.

Als sie gegen 01.00 Uhr kurz die Bar verließ, um die Toilette aufzusuchen, wurde sie von einem Freund ihrer Bekannten angesprochen.

Dieser Freund fühlt sich ihr gegenüber als väterlicher Beschützer. Er trat ihr gegenüber sehr bestimmt auf und forderte von ihr, sofort mit ihm die Bar zu verlassen. Er ging auch zu K. und forderte von diesem die Garderobenmarke.

Er brachte sie dann später mit seinem Fahrzeug nach Hause. Dieser Freund arbeitet und wohnt in der Nähe von Schwerin. Die KP wird K. anrufen und ihm die Sache entsprechend darstellen.

Sie ist der Überzeugung, daß K. weiterhin mit ihr Kontakt halten wird.

Der KP wurden dann 200,– DM gegen Quittung übergeben. Sie zeigte sich sehr erfreut über diese Hilfe und brachte zum Ausdruck, daß sie auch weiterhin unser Organ aktiv unterstützen wird.
Maßnahmen:
Durchschlag des Treffberichtes zum Vorgang.
Nächster Treff am 12. 5. 64, 19.15 Uhr

Die KP berichtete hierzu, daß sie vor einiger Zeit einen Brief von einem gewissen Kuo erhalten habe, wo er sich auf seinen Freund Calehr beruft, den sie flüchtig in der Straßenbahn kennengelernt habe, ohne näher mit ihm bekannt zu werden. Die KP rief daraufhin den bereits genannten Kuo in seiner Wohnung an und vereinbarte eine Zusammenkunft mit ihm.

*Es kam dann später auch zu einer Zusammenkunft, wobei sie feststellte, daß er als Aspirant tätig ist und über sehr viel Westwaren verfügt. **K. versuchte an diesem Abend die KP betrunken zu machen und mit ihr intim zu verkehren, was sie jedoch verhindern konnte.** Anhand ihrer Angaben über den K. wurde ihr erläutert, daß in letzter Zeit der **Gegner für seine Feindtätigkeit** auch Ausländer ausnutzt, da diese ohne Schwierigkeiten die Westsektoren betreten können.*

Es wurde darauf hingewiesen, daß der Lebenswandel des **K. in keinem Einklang zu seinem finanziellen Einkommen** *steht und unwillkürlich die Frage auftaucht, welche Nebeneinnahmen dieser Mann hat.*

Die KP erklärte **sich ohne zögern bereit, den Kontakt mit K.** *zu erneuern und* **fester zu gestalten.**

Der KP wurde dieser Auftrag unter der Variante der Schulung erteilt.

Einschätzend kann gesagt werden, daß die KP von sich aus über ihre persönlichen auch ihre intimen Dinge berichtet und bereit ist, unser Organ in seiner Arbeit zu unterstützen.

Es wurde vereinbart, daß sie den K. anruft und uns verständigt, wenn es zu einer Zusammenkunft kommt, damit vorher ein Kurztreff mit ihr durchgeführt werden kann.
Kontaktperson
Treff 23. 4. 64

Aktenvermerk

Betr.: *Vorlauf-Operativ*

Die Ermittlungen ergaben, daß der im o.g. Vorgang Beschuldigte einen Pkw besitzt.
Bei diesem Pkw handelt es sich um
einen Volkswagen,
Baujahr 1950,
grau,
pol. Kennzeichen IM 00–15
Das o.g. Fahrzeug steht nicht in einer Garage, sondern ständig vor seinem Haus.
Da K. vermutlich ständig mit seinem Pkw in die Stadt fährt, wird vorgeschlagen, die im Op.-Plan vorgesehene Beobachtung durch die HA VIII durchführen zu lassen.

Hüther/Leutnant

Aktenvermerk

Betr.: *Vorlauf-Operativ*

Eine Überprüfung in der Abtlg. 26 ergab, daß der im Vorgang Beschuldigte einen Telefonhauptanschluß unter der Nummer
279024
besitzt.
*Aus diesem Grund wird vorgeschlagen, einen **Abhör-Auftrag** einzuleiten.*

Meine „Liquidierung" und wie ich überlebte

In meiner Stasi-Akte befand sich folgender „Liquidie-rungsplan":

Hauptabteilung V/6/III   *Berlin, den 5. 3. 1964*

Operativplan

Betr.: *Vorlauf-Operativ*   *Reg.-Nr. XIII/4/62*

Im o.g. Vorgang wird der
Kuo, Xing-hu
geb. am 12. 5. 38 in Djarkarta
wh.: Berlin/Treptow, Orionstr. 29

wegen Verdachtes der Feindtätigkeit und ideolog. Diversion operativ bearbeitet.
   Die Bearbeitung erfolgte zunächst durch die BV Leipzig, da der Beschuldigte an der dortigen Universität studierte und später als Lektor tätig war. Der Beschuldigte gab seine Tätigkeit in Leipzig auf und verzog nach Berlin. Wo er jetzt tätig ist, konnte noch nicht ermittelt werden.
   *Das Ziel der Bearbeitung besteht in der **Erarbeitung von Beweismaterialien für eine feindliche Tätigkeit des Kuo und bei Bestätigung des Verdachtes den Vorgang durch die Inhaftierung** des Beschuldigten bzw. seine Ausweisung aus der DDR **zu liquidieren.** Zur Bearbeitung des K. werden folgende Maßnahmen vorgeschlagen:*
1. *Die Ermittlungen im VPP ergaben, daß K. nach seinen Angaben als Aspirant tätig ist. Die Überprüfung im SHF verlief jedoch bisher negativ.*
   Um festzustellen, wo K. tätig ist und wie sein Tagesab-lauf ist, wird im Wohngebiet eine Beobachtung für die Dauer von 3 Tagen durchgeführt.

*Die Voraussetzungen für eine Beobachtung sind gegeben,
da K. in unmittelbarer Nähe einer AWG der DAW wohnt.*
T.: 14. 3. 64

2. *Die bisherige Bearbeitung des K. ergab, daß er* **sehr
empfänglich für Frauenbekanntschaften** *und stets bemüht ist, sich einen Nebenverdienst zu sichern.*

Maßnahmen:

a) *GI „Michael", die in unmittelbarer Nähe des K. wohnt,
erhält den Auftrag mit K. Kontakt herzustellen.*
*Zu diesem Zweck wird dem GI ein Bild des K.
ausgehändigt. Der GI wird bei sich bietender Gelegenheit den K. im Wohngebiet ansprechen und ihn um
Unterstützung bei der Erlernung der franz. Sprache
bitten. „Michael" wird dem K. dabei zu verstehen geben,
daß sie über umfangreiche Verbindungen nach WD und
WB verfügt und zur Zeit nicht arbeitet. Sie wird den K.
bitten, den Unterricht in ihrer Wohnung durchzuführen.*
T.: für Auftragserteilung 10. 3. 64

b) *Durch die BV Leipzig wurde die Mutscher zur
Bearbeitung des K. angeworben. Die M. berichtete
auch über K. schriftlich, lehnte jedoch eine engere
Verbindung zu ihm ab. Die Überprüfung ergab, daß die
Verbindung zur M. von der BV Leipzig eingestellt und
die Materialien im Archiv abgelegt wurden.*

Maßnahmen:

*Der GI-Vorgang ist aus dem Archiv anzufordern und
zu prüfen, ob eine Wiederaufnahme der Verbindung
zur M. zwecks Bearbeitung des K. Perspektive hat.
Verläuft die Überprüfung positiv, so ist der Kontakt mit
der M. wieder aufzunehmen und an den K. anzusetzen.
Zu diesem Zweck wird die M. mehrere Dienstreisen
nach Berlin durchführen und den K. in seiner
Wohnung aufsuchen.*
T.: 20. 3. 64

c) *Nach Realisierung der unter 1) genannten Maßnahme
sind für die GI ... und ... Kombinationen zu erarbeiten,
um sie an den Beschuldigten K. anzuschleusen.*
T.: f. Kombinationen 20. 3. 64

162

3. *Die Ermittlungen im Wohngebiet des K. ergaben, daß es sich bei dem Haus Orionstr. 29 um ein sogenanntes Junggesellenwohnheim handelt.*

Um Voraussetzungen für den Einsatz der op. Technik und der Bearbeitung durch eine Quelle im Hause zu schaffen, werden folgende Maßnahmen durchgeführt:

Maßnahmen:

a) Mit dem AGI „Ute Schumann", die ebenfalls in einem solchen Wohnheim wohnte, ist Kontakt aufzunehmen mit dem Ziel der Aufklärung der Gepflogenheiten in einem solchen Wohnheim.

T.: 10. 3. 64

b) Alle Bewohner des Heimes sind in der Abtlg. XII zu überprüfen, und vorhandene Archivmaterialien nach folgenden Gesichtspunkten durchzuführen:

1. Welche Person eignet sich zur Aufklärung der Wohnverhältnisse des K. und evtl. Stützpunkt für den Einsatz der Technik.

2. Welche Person eignet sich zur Kontaktaufnahme und Bearbeitung des K. im Heim.

Hierbei sind auch die positiv erfaßten Personen mit auszunutzen

T.: 15. 3. 64

4. *Durch die Abteilung 26 der BV Leipzig wurde bekannt, daß K. kleine Abenteuerbücher schreibt und Verbindung zum Verlag „Neues Leben" aufgenommen hat. Darüberhinaus wurde weiter bekannt, daß K. die Absicht hatte mit dem „Berliner Verlag" Kontakt aufzunehmen. Da K. sein Journalistenstudium abgeschlossen hat und auf der Meldestelle als Beruf Dipl.-Journalist und Aspirant angegeben hat, besteht durchaus die Möglichkeit, daß K. für beide Verlage freiberuflich arbeitet.*

Maßnahmen:

a) Mit den verantwortlichen Mitarbeitern o.g. Verlage ist Rücksprache zu führen und zu klären, welche Möglichkeiten zur Feststellung einer Verbindung des K. zu den Verlagen vorhanden sind.

T.: 10. 3. 64

b) Durch GI „Bauer" ist zu ermitteln, ob der von ihm angeworbene „Walter" noch beim Berliner Verlag tätig ist. Bei positivem Ergebnis nimmt „Bauer" die Verbindung wieder auf, befragt ihn konkret nach K. und beauftragt ihn Nachforschungen anzustellen, ob K. Verbindungen zum Verlag hatte bzw. hat.

Nach Vorliegen dieses Ergebnisses wird eine Kombination erarbeitet, über „Walter" den GI „Bauer" mit K. in Verbindung zu bringen.

T.: 25. 3. 64

c) Über die Abtlg. Auslandsstudenten im SfH ist zu prüfen, wo K. in Aspirantur und wer seine Betreuer für seine Dissertation sind.

Die Betreuer des K. sind zu überprüfen und aufzuklären, ob sie zur Bearbeitung des K. angesprochen werden können.

T.: 15. 3. 64

d) Der AGI „Günther" arbeitet im Institut f. Orientforschung Arbeitsgruppe Sinologie der DAW und hat Verbindung zum Ostasiatischen Institut der HU.

Mit dem GI ist die Verbindung wieder aufzunehmen und zu klären, wie er zur Bearbeitung des K. eingesetzt werden kann.

T.: 10. 3. 64

f) Darüberhinaus ist zu prüfen, welche Mitarbeiter dieser Arbeitsgruppe Verbindung zu o.g. Institut der HU haben und zur Bearbeitung des K. eingesetzt werden können.

T.: 10. 3. 64

Hüther/Leutnant

Die Stasi hatte offenbar zunächst zwei Alternativen für meine Ermordung entworfen: Inhaftierung oder Ausweisung nach China. Wenn es ihnen gelungen wäre, die chinesischen Kommunisten davon zu überzeugen, daß ich ein „CIA-Agent" wäre, hätten die Pekinger Behörden nicht lange gefackelt und ich wäre dort durch einen Genickschuß, vielleicht sogar in einem öffentlichen Stadion, elend zugrunde gegangen. In Anbetracht der großen Feindschaft zwischen China und der DDR in jenem Jahr 1964 schien dies der Stasi aber doch zu riskant. Vielleicht gelänge es mir, die Chinesen von meiner Unschuld zu überzeugen und mich gar als Opfer der sowjetabhängigen DDR-Revisionisten hinzustellen?

Also ging man auf Nummer sicher und verhaftete mich am 31. Januar 1965 mit dem klaren Auftrag, mir einen eleganten, süßen Tod zu verpassen.

In meinem Buch „**Ein Chinese in Bautzen II**", das im gleichen Verlag erschienen ist und als Fortsetzung dieses Buches sehr zu empfehlen ist, schildere ich detailliert, wie die Stasi und später ihr Spitzel-Arzt Dr. Schuch in Bautzen II (gegen beide läuft ein Ermittlungsverfahren wegen versuchten Mordes) durch Nichtbehandlung meiner Zuckerkrankheit „liquidieren" wollten.

Dennoch lebe ich noch, ich habe die DDR, die Stasi-Mordpläne überlebt. Konnte der mächtige DDR-Geheimdienst mich wirklich nicht umbringen?

Ich habe lange gegrübelt, weshalb ich die Höllen von 18 Monaten Stasi-U-Haft und sechs Jahre Bautzen II („Mielkes Privat KZ") trotz der nunmehr aktenkundigen Mordpläne überleben konnte. Ich habe nur eine plausible Erklärung gefunden:

Etwa in den Jahren 1968 oder 1969 begann sich die Bundesregierung für mich zu interessieren. Die aufrüttelnden und positiven Berichte über meinen Fall, die mein damaliger Anwalt **Dr. Reinhard Preuß** – weitergegeben hatte sowie weitere Informationen durch ehemalige Mitgefangene in Bautzen, Presseartikel in Westdeutschland (so in der WELT von **Hans-Erich Bilges** („Ein Mao-Gefolgsmann in DDR-Haft") signalisierten der devisengeilen DDR, daß ich merklich an Marktwert in Westmark gestiegen war. Ein lebender Kuo sei sicherlich mehr Westmark wert als meine Leichenteile zu exportieren (was die DDR bekanntlich auch gemacht hat!). Nur so kann ich mir mein Überleben erkären: der schnöde West-Mammon machte es möglich. Schalck's Koko brauchte Geld für Honni's Bananen.

Dokumentationen

Mein Prozeß gegen die PDS und Bautzen II

Am 15. Oktober 1992 fand vor dem Landgericht Berlin ein international weit beachteter Prozeß „Kuo gegen die PDS" (früher SED) statt. Ich habe dabei die SED-Nachfolgepartei auf Schadenersatz für die siebeneinhalb Jahre politischer Haft in der DDR verklagt. Während die Gysi-Modrow-Partei mich noch am Tage zuvor in einer Presseerklärung als „knieende Ameise" verächtlich machen wollte, verschlug es dem Honecker-Anwalt Friedrich Wolf und dem Mauerschützen-Anwalt Eisenberg die Sprache. Denn ich bekam grundsätzlich Recht: die PDS könne, so das Gericht, für SED-Unrecht haftbar gemacht werden, wie folgende Berichte dokumentieren. Ich müsse jedoch auch konkret nachweisen, daß die SED DIREKT in meinen Prozeß eingegriffen hat. Diesen Beweis hat mein Anwalt gefunden: der SED-Parteisekretär bei der Generalstaatsanwaltschaft rügte meinen Richter Genrich, weil dieser angeregt hatte, meine Vorwürfe gegen die Stasi-Foltermethoden, die zu meinem Widerruf beim geheimen Prozeß in Ost-Berin führten, wenigstens zu prüfen. Genrich wurde vom SED-Parteisekretär, der zugleich Abteilungsleiter war, zurechtgewiesen, er nahm auch die „Kritik" an, heißt es in einer Aktennotiz, die jetzt gefunden wurde.

Dieser Prozeß ist extrem teuer. Deshalb bitte ich alle Leser dieses Buches, entweder selber oder Sponsoren zu finden, die für diesen Musterprozeß Geld überweisen auf das Konto:

101527-704 Postgiroamt Stuttgart, BLZ: 60010070, Kennwort: PDS-Prozeß.

Wenn ich gewinne, werden Zehntausende von SED-Opfern endlich von den Verursachern für ihre Leiden entschädigt werden können. Genauso wichtig ist auch mein Musterprozeß gegen die Strafvollzugseinrichtung Bautzen II wegen Zahlung meines Lohns für sechs Jahre Zwangsarbeit, denn Hunderttausende haben im SED-Staat unter unmenschlichen Bedingungen Zwangsarbeit verrichtet.

Der Staat hat angeblich kein Geld? Milliarden werden heute noch für Opfer des nationalsozialistischen Regimes in der ganzen Welt gezahlt, wieso werden die Opfer der roten Diktatur eigentlich so viel schlechter gestellt als die Opfer der braunen Herrschaft? Das ist es, was mich und viele Opfer des kommunistischen Terrors am „Rechtsstaat" verzweifeln lassen. Auch die Sonderbehandlung Erich Honeckers hat Millionen gekostet – drei „Pflichtverteidiger", ein Heer von „Medizinprofessoren", tausendfacher „Schutz", gepanzerte Luxuslimousinen wie beim Papst, vier Leibwächter bis nach Chile 1. Klasse (50 000 DM!).

Chinesischer Kuli

Erstmals verlangt ein Opfer der DDR-Justiz, jahrelang unschuldig in Bautzen inhaftiert, vor dem Zivilgericht Wiedergutmachung in Millionenhöhe – von der PDS.

Es war ein eiskalter Januartag, der Ostwind fegte Schnee über die nachtdunkle Straße. Xing-Hu Kuo, Dolmetscher bei der chinesischen Botschaft in Ost-Berlin, steuerte seinen schwarzen Mercedes 180 durch das menschenleere Viertel in der Nähe der Grenzmauer. Nur noch 50 Meter trennten ihn von dem grell erleuchteten Checkpoint Charlie, über den Kuo dank seines Ausländerpasses regelmäßig in den Westteil der Stadt gelangte.

Plötzlich rasten von rechts und links zwei russische Wolga-Limousinen auf den Mercedes zu, ein dritter Wagen versperrte Kuo den Weg. Schwerbewaffnete Männer stürzten heran und rissen den verblüfften Chinesen aus seinem Auto: „Ministerium für Staatssicherheit", stellte sich einer aus dem Trupp vor, „Sie sind verhaftet."

Der nächtliche Überfall im Januar 1965 war der Auftakt zu einem siebenjährigen Martyrium. Nach monatelangen Verhören („Ich wurde geschlagen, getreten, geschüttelt") verurteilte das Ost-Berliner Stadtgericht Kuo wegen angeblicher Fluchthilfe und Spionage zu siebeneinhalb Jahren im berüchtigten Stasi-Gefängnis Bautzen II.

Jetzt fordert Kuo, 54, inzwischen voll rehabilitiert, Wiedergutmachung von seinen Peinigern. Vor dem Landgericht Berlin erhob er Klage gegen die PDS, Nachfolgerin der DDR-Staatspartei SED. Von ihr fordert der Chinese, der inzwischen Bundesbürger geworden ist, 1,13 Millionen Mark Schadenersatz.

Erstmalig zieht damit ein Opfer des DDR-Regimes vor das Zivilgericht. Das Besondere: Nicht die Bundesrepublik als Rechtsnachfolger der DDR soll für das Unrecht geradestehen, sondern die PDS, deren Vermögen auf mehrere Milliarden Mark geschätzt wird. „Ich will, daß die Verantwortlichen zur Rechenschaft gezogen werden und nicht die Steuerzahler", sagt Kuo.

Das Geld verlangt der Polithäftling für entgangene Verdienste und die erlittenen Schmerzen. In Bautzen lebte der geschmähte Ausländer (Stasi-Beschimpfung: „Gelber Affe") meist in Isolation. Der Gefangenenarzt enthielt dem Zuckerkranken Medikamente vor, statt Diätnahrung mußte er Gesüßtes essen. Zwangsarbeit für das nahe Schaltgerätewerk schwächte Kuo zusehends. Tag für Tag mußte er unter ohrenbetäubendem Lärm Stecker zusammenschrauben, als Folge ist er heute schwerbehindert. Die Qualen in dem Stasi-Kerker hatten erst ein Ende, als die Bundesregierung Kuo im Mai 1972 freikaufte.

Ganze 300 Mark pro Monat will die Bonner Regierung jetzt politischen Gefangenen aus der DDR als Entschädigung zahlen – so sieht es ein geplantes Gesetz vor. Das ist halb soviel, wie ein unschuldig Gefangengenommener in Westdeutschland erhält – Kuo bekäme gerade 26 000 Mark.

Der Chinese, der mittlerweile in Sindelfingen Bücher verlegt, will sich damit nicht zufriedengeben. Bereits unmittelbar nach der Wende hatten ostdeutsche Bürgergruppen gefordert, mit dem SED-Vermögen politisch Verfolgte zu entschädigen – ohne Erfolg.

Nun versuchten die Opfer, mit Hilfe der Gerichte doch noch an das Geld heranzukommen. Der Regensburger Straf- und Ostrechtler Friedrich-Christian Schroeder, Mitglied der Bonner Enquete-Kommission zur Aufarbeitung des DDR-Unrechts, gibt Kuos Musterprozeß „gute Chancen". Und auch Erwin Deutsch, Haftungsrechtsspezialist an der Uni Göttingen, glaubt, daß „die Ansprüche durchgreifen können".

Allerdings muß der Kläger einige juristische Hürden nehmen. Die PDS wäre nur dann zum Schadenersatz verpflichtet, wenn SED-Parteiorgane für die Polit-Verurteilung verantwortlich sind. Beispiele dafür gibt es reichlich.

So führte in den berüchtigten Waldheimer Prozessen von April bis Ende Juni 1950 nicht etwa die Justiz der DDR die Regie, sondern die SED-Abteilung Staatliche Verwaltung.

Auf deren Anweisung verurteilten Sonderstrafkammern in stalinistischer Manier 3308 Personen wegen angeblicher Kriegs- und NS-Verbrechen, davon 32 zum Tode.

SED-Chef Walter Ulbricht verhängte im Juni 1955 per Hausmitteilung die Todesstrafe für zwei angebliche West-Agenten. Und sein Nachfolger Erich Honecker ordnete 1981 persönlich die Erschießung des Stasi-Hauptmanns Werner Teske an.

Kuo hat noch keine Belege für ähnliche Eingriffe in seinem Fall. Die diplomatischen Verwicklungen, die seine Verhaftung auslösten, sprechen jedoch dafür, daß das Verfahren von höchster Parteistelle beobachtet wurde.

Vorsichtshalber will Kuo noch auf anderem Weg sein Recht durchsetzen. Vom Schaltgerätewerk Oppach, für das er während seiner Haftzeit als Zwangsarbeiter schuftete, fordert er 72 000 Mark „plus Zinsen" an entgangenem Lohn. Kuo: „Das dürfte für einen chinesischen Kuli in der DDR nur billig sein."

Ähnliche Prozesse gab es nach dem Ende der Nazi-Gewaltherrschaft. In den fünfziger Jahren verklagten Zwangsarbeiter ihre ehemaligen Fronherren. In einer spektakulären Entscheidung verurteilte das Landgericht Frankfurt im Juni 1953 die IG Farben, 10 000 Mark an den jüdischen Auschwitz-Häftling Norbert Wollheim zu zahlen. In der zweiten Instanz kam es zu einem Vergleich. Der Konzern zahlte darauf 30 Millionen Mark Entschädigung an ehemalige KZ-Häftlinge. Später verpflichteten sich auch Krupp, Siemens, AEG und Rheinmetall zu ähnlichen Leistungen.

Der Haken im Fall Kuo: Der Betrieb hat tatsächlich Lohn gezahlt – allerdings an die Haftanstalt. Kuo muß also das Geld vom Freistaat Sachsen einklagen, der die Verwaltung des Bautzen-Knasts übernommen hat.

Der sächsische Justizminister Steffen Heitmann (CDU) hat seine Beamten vorsorglich schon einmal die Rechtslage begutachten lassen – und weist alle Ansprüche zurück. Für ihn sind Zahlungen an Gefangene im neuen Unrechtsbereinigungsgesetz abschließend geregelt.

Eine wacklige Argumentation: Das Bonner Gesetz will keinen Schadenersatz gewähren, sondern lediglich einen „angemessenen" Ausgleich für erlittenes Unrecht leisten. Die Zwangsarbeit, zu der in DDR-Zeiten Zehntausende zu Unrecht verurteilt wurden, kommt in dem neuen Gesetz überhaupt nicht vor. Haftungsspezialist Deutsch: „Da drohen den Ländern Millionenzahlungen."

Der Spiegel, 13. Juli 1992

Warum will ein Chinese von Gysi 1 Mio. haben, und warum ist das für alle SED-Opfer so wichtig?

Xing-Hu Kuo saß 7 1/2 Jahre im DDR-Knast. Am 15. Oktober beginnt sein Prozeß gegen die SED-Nachfolgepartei PDS. Xing-Hu Kuo (54), ehemaliger Dolmetscher der chinesischen Botschaft in Ost-Berlin. Sein Musterprozeß vor dem Landgericht Berlin läßt Tausende von Opfern der DDR-Justiz hoffen. Den Schadenersatz für Bautzen-Haft will er nicht vom Staat, sondern von der PDS!

Das Schandurteil: 1965 wird Kuo verhaftet und zu 7 1/2 Jahren Zuchthaus wegen Fluchthilfe und Spionage verurteilt. „Kronzeugin" Sieglinde Wippich (56) aus Brandenburg hat gelogen! Sie gesteht heute: „Die Stasi hat mich erpreßt: entweder Aussage oder Gefängnis!" Für den Chinesen kein Trost: jahrelange Isolationsfolter, Zwangsarbeit. Der zuckerkranke Kuo ohne Medikamente. Folge: 60 % behindert. 1972 freigekauft, 1990 rehabilitiert.

Die Klage: Kuo verlangt Schadenersatz: 880 000 Mark Verdienstausfall (10 000 Mark pro Monat) plus 250 000 Mark Schmerzensgeld, zusammen 1,13 Millionen Mark. Mehr als Bonn zahlen will: Kuo bekäme gerade 26 400 Mark.

Die Beweiskette: „Warum soll denn der Staat Kuo entschädigen? Er kann doch nichts dafür!" sagt Kuos Anwalt Eberhard Wendel und verklagt die PDS. Sie beanspruche das SED-Vermögen, müsse somit auch für die Schäden des Unrechts haften.

Wendel: „SED und DDR-Staat waren identisch. Nicht die Justiz fällte die Politurteile, sondern die Partei!" Beispiel: Am 13. 6. 55 verhängte SED-Chef Walter Ulbricht zwei Todesurteile per ZK-Hausmitteilung!

Die Chancen: Prof. Dr. Friedrich-Christian Schroeder,

Ostrechtsexperte von der Uni Regensburg: „Kuos Anspruch könnte greifen und alle anderen SED-Opfer können sich darauf berufen. Sie waren keine Opfer von Fehlurteilen, sondern Geiseln einer kriminellen Vereinigung. Darum muß der Verursacher SED (oder Nachfolger PDS) den Schaden ersetzen."

Super-Illu, 15. Oktober 1992

„Ich will den Ruin der PDS"

Zum Musterprozeß des Bautzen-Häftlings Xing-Hu Kuo gegen die SED-Nachfolger/Von Maik Brandenburg.

Die PDS hat für alles politische Unrecht in der DDR zu zahlen, meint Xing-Hu Kuo. Wenn der Chinese mit seiner Klage vor dem Berliner Landgericht durchkommt, könnte dieser Satz juristische Geltung bekommen. Eine Entschädigungslawine ungeahnten Ausmaßes wäre losgetreten. „Der finanzielle Ruin der PDS ist mein Ziel", sagt Kuo.

Es begann am 31. Januar 1965. Ein schwarzer Mercedes nähert sich auf der Ostberliner Friedrichstraße dem Grenzübergang „Checkpoint Charlie". Im Auto sitzt Xing-Hu Kuo, 25, Dolmetscher an der chinesischen Botschaft in der DDR. An jenem Tag will er im Westteil der Stadt einige Probleme seines bevorstehenden Umzuges klären. Die „brüderlichen Bande" zwischen der Sowjetunion und der VR China sind zum Bersten gespannt, und so will Kuo jenes Sprichwort von Konfuzius befolgen, das er gerade scherzhaft übersetzt hatte: „Wenn sich Freunde streiten, verdrück' dich beizeiten."

Hätte er geahnt, daß es längst bitterernst war, er wäre Hals über Kopf und womöglich mit Vollgas über die Grenze gerast. So aber nähert sich der Wagen gemächlich dem Schlagbaum. Plötzlich kurven von allen Seiten „Wolgas" heran. Leichenblaß sieht er schwerbewaffnete Männer auf sich zurennen. Einer reißt die Wagentür auf: „Ministerium für Staatssicherheit. Sie sind verhaftet".

Während seiner 18monatigen Untersuchungshaft erfährt Kuo die Gründe der Arretierung – „Spionage und Fluchthilfe". Ein Versehen? Wie konnte er ein Spion sein, er, der überall höchst auffällig seine Meinung kundtat. Und erst der schwarze Mercedes. Ein Raumschiff hätte damals in der DDR kaum mehr Aufmerksamkeit erregen können. Benahm sich so ein Agent in geheimer Mission?

Er glaubte noch an ein Versehen, als er bereits vor dem Staatsanwalt stand. „Ich dachte, ein unfreundlicher Stasi-

176

Offizier hatte mir das eingebrockt", erzählt er heute. Darum auch sein aberwitziger Mut – er widerrief die ihm während der U-Haft erpreßten Geständnisse und zeigte die Stasi an. Sechs Jahre durfte er in Bautzen über seine Naivität nachdenken, fünf davon in der Isolierzelle. Keine Besuche, keine Briefe, keine Pakete, Zwangsarbeit in einem Schaltergerätewerk und häufiger Medikamentenentzug für den schweren Diabetiker. 1972 wurde Xing-Hu Kuo freigekauft.

Im August 1991 rehabilitierte ihn das Berliner Landgericht. Dort klagt er nun gegen die PDS auf 1,13 Millionen Mark Schadensersatz. Durch das Bonner „Unrechtsbereinigungsgesetz" sind ihm bereits 26 000 Mark zugesprochen. Das ist dem Chinesen zuwenig für die erduldeten Qualen, die ihn schwerhörig und halbblind werden ließen, durch die er heute unter einer schweren Klaustophobie leidet. „Ich bin bloß noch dreißig Prozent Mensch", sagt er. Nicht die Bundesregierung soll zahlen, der Steuerzahler also, sondern die SED-Nachfolgepartei. Denn die DDR, so Kuo, war die SED, und der Staat existiere fort in der PDS. „Jeder, der in diesem Land gelebt hat, weiß, daß nichts ohne die führende Partei lief. Gerade in der Justiz, gerade bei politischen Prozessen."

Das jedoch muß erst bewiesen werden. Eberhard und Jutta Wendel, die beiden Anwälte des Übersetzers, wühlen sich darum durch die 1000 Seiten seiner Stasi-Akten, um Hinweise auf eine direkte Einflußnahme der SED auf den Prozeß zu finden. Sie meinen, fündig geworden zu sein.

Um weitere Zweifel auszuräumen, wollen sie auch die allgemeine Verantwortlichkeit der SED belegen. Herhalten soll unter anderem das Statut der SED. Auch Zitate aus der „Neuen Justiz", der Zeitschrift der „DDR-Rechtspflege", seien besonders entlarvend.

Der „zwingende Einfluß der SED auf die Justiz bei politischen Prozessen" lasse sich aber auch sehr konkret aufzeigen. So bestand stets eine Kommission beim ZK der SED, die gezielt auf die Verfahren einwirkte. Die Anwälte haben tief im PDS-Archiv gegraben. Ein Beispiel: „Der

Genosse Heyn fällt allgemein dadurch auf, daß er in den von ihm geführten Verhandlungen ... unangebracht milde Urteile fällt, obgleich die Anträge des Staatsanwaltes in angemessener Höhe gestellt werden. Die Kommission wird sich am 6. 5. 1950 mit dem Genossen Heyn besonders befassen." Bis zum Parteivorstand, dem späteren Politbüro, lasse sich derartiges „Hineinkommandieren" nachvollziehen.

Ob die Sache Erfolg hat, ist noch sehr ungewiß. Die PDS bleibt ziemlich gelassen. „Selbst ein Amtsgericht im tiefsten Bayern hätte Schwierigkeiten mit einem Urteil", meint Pressesprecher Hanno Harnisch. „Wir nehmen den Herrn Kuo als tragische Figur sehr ernst, aber er hat keine Chance." Harnisch pocht auf die rechtliche Trennung zwischen Staat und Partei. „Unsere Justizminister waren übrigens immer LDPD-Mitglieder." Im übrigen sei eine pauschale Anklage der SED Unsinn, da sie nicht als eine „verbrecherische Organisation" eingestuft wurde. „Und die PDS ist eine völlig andere Partei."

Der 52jährige Xing-Hu Kuo, mittlerweile Verleger in Sindelfingen, ist zuversichtlich. Trotzdem glaubt er, daß der Fall erst vor dem Bundesverfassungsgericht enden wird. Dafür hat er den anfangs eingeklagten Streitwert von 10 000 Mark auf über 700 000 erhöht. Gewinnt er, möchte er ihn auf die 1,13 Millionen Mark präzisieren. „Die hohen Kosten für den Verlierer sind auch der Grund, warum noch kein anderer politischer Häftling geklagt hat", meint Rocco Schettler vom Bonner „Verband der Opfer des Stalinismus". Der Chinese immerhin kann sich auf den Verein „Hilfe für die Opfer der SED" stützen, gegründet von 14 Bundestagsabgeordneten. Siegt Kuo in diesem Musterprozeß, könnte die PDS beinahe alles politische Unrecht in der DDR entgelten. Es geht um Milliarden. „Die PDS wäre pleite", meint Kuo.

Eine Versöhnung ist für ihn nicht drin. „Wie denn auch", sagt er, „noch ist keiner von meinen Peinigern gekommen und hat mir die Hand gereicht."

Wochenpost, 15. Oktober 1992

PDS kann für SED-Unrecht haftbar gemacht werden

Berlin (dpa) – Die SED-Nachfolgepartei PDS kann für SED-Unrecht haftbar gemacht werden. Das hat die 22. Zivilkammer des Berliner Landgerichts am Donnerstag in einem Urteil deutlich gemacht. Der klagende chinesische Journalist Xing-Hu Kuo konnte allerdings eine Entschädigung für sieben Jahre DDR-Haft und Zwangsarbeit nicht durchsetzen. Das Gericht verwies zwar darauf, daß die PDS als Nachfolgerin der SED grundsätzlich von DDR-Unrechtsopfern auf Schadensersatz verklagt werden könne. Voraussetzung sei aber, daß im Einzelfall „auf Anweisungen der SED in politischen Prozessen bestimmte Urteile gefällt wurden". Diesen ausdrücklichen Nachweis habe Kuo nicht erbringen können, hieß es.

Der Chinese war 1965 von der Stasi auf offener Straße in Ost-Berlin verhaftet und von DDR-Richtern wegen Spionage verurteilt worden. Sieben Jahre verbrachte der frühere Dolmetscher der chinesischen Botschaft im berüchtigten Gefängnis Bautzen in Isolationshaft. Weil ihm die für seine Zuckerkrankheit erforderlichen Medikamente versagt wurden, ist er jetzt eigenen Angaben zufolge zu 70 Prozent schwerbehindert. Er wurde im vergangenen Jahr vor dem Landgericht vollständig rehabilitiert.

In dem spektakulären Rechtsstreit gegenüber der PDS machte Kuo rund eine Million Mark Schadenersatz für seine zu Unrecht erlittene Haft und Zwangsarbeit geltend. Vor dem Gerichtstermin sagte er, er wolle mit seinem Präzedenzfall „die Öffentlichkeit wachrütteln" und zeigen, daß die Hauptverantwortung für die „Sauereien" bei der SED lägen. Deren Nachfolgerin PDS „glucke" auf den Milliarden, die sie der Bevölkerung geraubt habe. Bisher kann Kuo nur auf 300 Mark Haftentschädigung je Haftmonat aus der Bundeskasse hoffen.

dpa, 15. Oktober 1992

179

Höchstes Gericht soll entscheiden
Eine Million von der PDS für 7 Jahre Stasi-Haft?

Berlin – Sieben Jahre lang saß er aus politischen Gründen in der berüchtigten Zuchthaus-Hölle von Bautzen (Sachsen). Vor dem Berliner Landgericht verklagte Xing-Hu Kuo (52), ein Journalist chinesischer Abstammung, darum jetzt die PDS auf rund eine Million Mark Schadenersatz: „Sie ist Nachfolgerin der SED, die für Unrechtsurteile verantwortlich war. Und die PDS hockt auf den Milliarden, die der Bevölkerung geraubt wurden."

Die 22. Zivilkammer lehnte seinen Anspruch gestern zwar ab, weil darüber das Bundesverfassungsgericht entscheiden müsse. Aber das Gericht machte deutlich, daß die PDS als SED-Nachfolgerin grundsätzlich von DDR-Unrechtsopfern verklagt werden kann. Die Juristen: „Voraussetzung ist allerdings, daß im Einzelfall auf Anweisung der SED in politischen Prozessen bestimmte Urteile gefällt wurden." Kuos Anwalt Eberhard Wendel: „Das ist ein großer Erfolg, die Entscheidung könnte für eine Vielzahl ehemals politisch Verfolgter von Bedeutung sein."

Xing-Hu Kuo, der jetzt als Verleger in Sindelfingen lebt, arbeitete früher als Dolmetscher bei der chinesischen Botschaft in Ost-Berlin. 1965 wurde er auf offener Straße verhaftet, wegen „Spionage" verurteilt. In der Stasi-Haft war Kuo sieben Jahre lang völlig isoliert, mußte Zwangsarbeit leisten, bekam keine Medikamente gegen seine Zukkerkrankheit, ist jetzt zu 70 Prozent schwerbehindert.

Berliner Kurier, 16. 10. 1992

Von Hilde Benjamin zu Gregor Gysi

Zur Meldung „PDS muß nicht pauschal für die SED haften" (F.A.Z. vom 16. Oktober): Mit Recht geht das Berliner Landgericht in seinem Urteil in Sachen Xing Hu Kuo/PDS davon aus, daß die PDS als Rechtsnachfolgerin der SED für „unerlaubte Handlungen", also für Untaten der Partei Ulbrichts und Honeckers haftet. Die Partei Gregor Gysis und Hans Modrows kann sich also nicht mehr mit der ohnedies unglaubwürdigen Schutzbehauptung davonstehlen, sie habe mit der alten SED nichts zu tun. Insoweit herrscht jetzt rechtliche Klarheit.

Wenn der Journalist Xing-Hu Kuo dennoch mit seiner Klage nicht durchgedrungen ist, hängt das mit einer besonders merkwürdigen Betrachtungsweise des Gerichts bezüglich der Verantwortlichkeit der SED für ihren Staat und sein Handeln zusammen. In der ehemaligen DDR ging alle Staatsgewalt von der SED als der führenden Kraft der Arbeiterklasse aus. Auch die Strafjustiz, die getreu Lenins Anweisungen eine Terrorjustiz zu sein hatte (nachzulesen bei Solschenizyns „Archipel GULag", Band 1), beruhte auf Gesetzen und Anweisungen der SED, die vor allem unter der berüchtigten Hilde Benjamin erlassen worden waren. Die Richter wurden zur sozialistischen Parteilichkeit anstelle unparteiischem Verhalten erzogen und angehalten. Dies wurde ihnen immer wieder eingeschärft. Und so handelten die Gerichte auch, wie aus Tausenden von Urteilen bekannt ist, von seltenen Ausnahmen abgesehen. Daraus ergibt sich klar, daß ein Strafurteil wie das gegen den jeweiligen Angeklagten war, der Schadensersatzansprüche gegen die Täterin SED oder ihre Rechtsnachfolgerin auslöst.

Angesichts dieser nun wirklich nicht neuen Zusammenhänge darf eigentlich erwartet werden, daß das Berliner Kammergericht als Berufungsinstanz das Urteil korrigieren und dem SED-Opfer zu seinem Recht verhelfen wird.

Claus Jäger, MdB, Bonn   FAZ, 21. 10. 1992

„Ich will den Lohn für sechs Jahre Zwangsarbeit"

Er läßt nicht locker. Der Sindelfinger Autor Xing-Hu Kuo verklagt jetzt die Strafvollzugsanstalt Bautzen auf Lohn für sechs Jahre Zwangsarbeit. Der eingebürgerte Chinese war u. a. durch seinen Musterprozeß gegen die PDS bekannt geworden. Am 31. Dezember haben seine Sindelfinger Anwälte Zahorka und Partner eine entsprechende Klage gegen den Freistaat Sachsen beim Kreisgericht Bautzen – Kammer für Arbeitssachen – abgeschickt.

Die wesentlichen Argumente der Anwälte: Kuo wurde 1966 zu einer Freiheitsstrafe von siebeneinhalb Jahren verurteilt, von denen er 6 Jahre (1966–72) in Bautzen II verbrachte. 1991 wurde Kuo vollständig rehabilitiert. In Bautzen mußte er für den heute noch existierenden Betrieb Elektroschaltgerätewerk Oppach Zwangsarbeit verrichten.

Der ihm zustehende Lohn wurde ihm – bis auf 13 Ostmark monatlich – vorenthalten. Deshalb stünden ihm abzüglich dieser gezahlten 13 Mark insgesamt 71 064 DM zu, ab 1. 8. 1972 mit vier Prozent jährlich zu verzinsen. Dieser Anspruch entstand aus dem genannten, wenn auch erzwungenen Arbeitsverhältnis. Dabei betonen Zahorka und Partner:

„Weder handelt es sich hierbei um einen Anspruch auf soziale Ausgleichsleistungen nach Paragraph 7 Abs. 1 des Rehabilitationsgesetzes, noch um eine soziale Ausgleichszahlung nach Maßgabe des ersten SED-Unrechtsbereinigungsgesetzes ..."

„Der Kläger", so Kuos Anwälte weiter, „will lediglich die Begleichung des ihm vorenthaltenen Arbeitslohnes erreichen. Eine betragsmäßige Beschränkung des Anspruches aufgrund der o. g. Vorschriften kann deshalb hier nicht greifen." Schließlich wird unterstrichen, daß hier quasi „sittenwidrig und rechtswidrig ein auf Zwangsarbeit beruhendes faktisches Arbeitsverhältnis bestand ..."

Sindelfinger Zeitung, 21. 1. 1993

Spenden Sie für den Muster-prozeß gegen die SED-Nach-folgepartei PDS!

Der Autor dieses Buches, Herr Xing-Hu Kuo, führte im Interesse von Tausenden SED-Opfern einen Musterprozeß gegen die sogenannte PDS (früher SED). Er fordert eine Entschädigung für siebeneinhalb Jahre politischer Haft in der von dieser Partei beherrschten sogenannten DDR.

Am 15. Oktober 1992 hat Kuo einen ersten Etappensieg errungen: das Landgericht Berlin stellte fest, daß die PDS grundsätzlich für SED-Unrecht haftbar gemacht werden kann!

Der Prozeß wird jedoch wahrscheinlich durch alle Instanzen gehen. Da das SED-Opfer Kuo im Gegensatz zur kriminellen SED nicht über Millionen oder gar Milliarden DM verfügt, haben wir für diesen Prozeß ein Spendenkonto eingerichtet:

Postgiroamt Stuttgart
Kontonummer: 10 15 27 – 7 04
BLZ: 600 100 70
Stichwort: PDS-Prozeß

Als kleine Anerkennung erhält jeder Spender von uns ein oder mehrere Bücher aus unserem interessanten Verlags-programm.

ANITA TYKVE VERLAG, Reichenberger Str. 61, 7032 Sindelfingen

Ab 1.7.93 lautet die neue PLZ: 71067

Rosemarie's Hilferuf

Am 23. April 1993 erreichte mich ein Brief, der mich zutiefst erschütterte, schon bevor ich den Umschlag öffnete. Als Absender stand doch tatsächlich: **R. Mutscher, Bochumer Str. 22, Leipzig.** Dort hatte ja Rosemarie, meine ehemalige Freundin in Leipzig, von der Stasi „IM Willner" genannt und infam mit einem gefälschten Brief über mich getäuscht, gelebt. Wohnt sie etwa immer noch dort, war mein erster Gedanke? Im Umschlag, von einem Ort „Hett …" abgeschickt, wahrscheinlich Hettstedt in Ostdeutschland, waren vier beidseitig bedruckte Seiten mit folgendem Inhalt:

Lieber …,

Du wirst Dich sicher nach dem Lesen Deiner Stasi-Akten wieder an mich erinnert haben. Es fällt mir nicht leicht, diesen Brief zu schreiben, wenn man sich an alte Geschichten wieder erinnern muß, die man wie alles ein bißchen Unangenehme nach 32 Jahren glücklich verdrängt hatte. Um es kurz zu machen: es geht in diesem Brief um die Wahrheit und um den Versuch, unsere menschlichen Positionen von damals klarzustellen

Ich habe alles aus Deinem Leben nach unserer Leipziger Bekanntschaft aus Deinem Buch über Bautzen II erfahren. Als alte Bautzenerin bin ich in den 70er Jahren natürlich oft dort vorbeigegangen, wenn ich vom Bahnhof zu meinen Eltern ging, um sie zu besuchen, liegt doch rechts davon meine alte Schule, die ich dort bis zur 8. Kl. besucht habe und in mir immer frohe Erinnerungen weckte. Ich dachte immer, daß Bautzen II die Untersuchungshaftanstalt sei, denn als die Russen, die dort zu meiner Schulzeit kampierten und mit denen wir über den hohen Zaun hinweg flirteten, diesen Flügel des Justizgebäudes räumten, wurde zugleich ein anderes Gebäude, das bisher als U-Haft gedient hatte, ganz offiziell geschlossen, es hieß, daß es dorthin verlegt sei. Du kannst es mir glauben, ich habe nichts davon gewußt, daß Du dort bist, sicher hätte ich Dich besucht, denn ich hätte es für meine Pflicht gehalten. Es hat mich sehr erschüttert, Dein Buch zu lesen. Die Ungerechtigkeiten, die Dir angetan wurden, tun mir sehr leid und ich hoffe, nicht irgendwie mitschuldig geworden zu sein, deshalb zur Klärung diesen Brief, und damit bin ich eigentlich erst bei meinem Hauptanliegen.

Ja, ich hatte schon eine Stinkwut auf Dich, mich in irgendwelche dunkle West-Berlin-Sachen mithineinzuziehen. Es war doch recht geschickt und überzeugend dargelegt von der Stasi. Ich konnte unmöglich dieses Lügengewebe durchschauen, Du warst tatsächlich der einzige Mensch meines Bekanntenkreises, der Beziehungen zu W-Berlin hatte. Und nimm es mir nicht übel – ich hielt es aufgrund Deines ganzen Wesens und Benehmens, das mich oft stark irritierte, für möglich. Als ich dies von der Stasi erfuhr – ich glaubte natürlich damals naiv daran, daß die Stasi das sei, was ihr Name sage, nämlich mit gutem Recht verantwortlich für die Sicherheit im Staate, wie es das in jedem Staat gibt – sagte ich sofort, daß ich von nichts weiß und sofort jeden Kontakt mit Dir abbrechen würde. Aber nun kam der Druck: noch sei ich ja selber verdächtig, ich müßte schon beweisen, daß ich unschuldig sei, deshalb weiter zu Dir Kontakt halten, was mir gar nicht paßte.

Nun sollte ich Dich also bespitzeln. Sag selber, was wußte ich denn von Dir! Es war der Fehler der Stasi, uns für intimer zu halten als wir waren. Du warst nicht der Typ, einem kleinen naiven Mädchen alles über Dich auf die Nase zu binden – war auch gut so, so konnt' ich nichts sagen, auch wenn ich in meiner Herzensangst gewollt hätte. Ich beschloß also, mich in dieser heiklen Angelegenheit strikt ans 8. Gebot zu halten, die Wahrheit, nichts als die Wahrheit zu sagen, dich nicht zu verleumden – ja „alles zum Besten zu kehren" – ich glaube, das habe ich auch getan. In der Praxis bei einem „Gespräch" sah das ungefähr so aus – soweit es meine Erinnerung hergibt:

„Was wissen Sie über Hernn K.?"

– ein paar bruchstückhafte Episoden aus Deiner Kindheit,

Familie, die du mir erzählt hattest, um Deine Herkunft zu
beleuchten,
– nun ja, er schimpft über das schlechte Warenangebot hier,
er ist eben seiner Herkunft wegen 'was Besseres gewöhnt,
– muß mal, um besser zu speisen, – chinesisch vor allem – ab
und zu nach W-Berlin fahren – aber das darf er doch als
Ausländer

Geldquellen? – Er macht sich lustig über ein halbes
Lektorengehalt. Sonstige Geldquellen??? – Freundeskreis??
– Tagesablauf?? – Sollte ich herausbekommen, aber ich hatte
nur ein Bestreben, so schnell und so weit als möglich
Abstand zu gewinnen, sowohl zu Dir als auch zu dieser
unheimlichen Organisation. Ich hatte also nie Zeit für so was.
Du selbst hast Dich in einem Brief bitter beklagt, daß ich nie
mehr Zeit hätte für Dich, ich aber wollte keine Zusammen-
künfte mehr, um dich nicht ausfragen zu müssen. Ging es
wirklich nicht anders, vermied ich tiefer gehende Gespräche.
Oder bist Du Dir je ausgefragt vorgekommen?

Trotzdem sagte ich Dir nichts, weil ich wütend dachte, der
erzählt mir ja auch nichts von seinen dunklen Geschäften in
W-Berlin. Wenn er Dreck am Stecken hat, muß er schon
allein dafür gerade stehen. Außerdem war ich fest davon
überzeugt, daß wir ein Rechtsstaat seien, der niemanden
verurteilt, wenn sich seine Unschuld erweist. Bester Beweis
schien ich selber zu sein, denn die Stasi ließ mich nach
einiger Zeit unbehelligt und ich habe nie mehr im Leben mit
ihr zu tun gehabt.

Ganz kurz stichwortartig der chronologische Ablauf der
„Treffs" im Laufe eines reichlichen Jahrs:
1. Treff: Bestellung ins Prorektorat auf der Ritterstr.
betreffs Klärung eines Sachverhalts, obige Eröffnung durch
2 Herren der Stasi
2. Treff: Gespräch über Deine Person, was ich wüßte über
Dich
3. Treff: dto! Strenge Ermahnung, irgendwelche schriftliche
Kontaktaufnahme zu melden, gaben mir geheime Tel.-Nr.
4. Treff: ich hielt mich an obige Vereinbarung und gab den
Dir inzwischen bekannten Brief eines angeblichen Studenten

der FU W-Berlin ab mit terminlicher Verspätung, da ich ja gar nicht in Leipzig war zum Zeitpunkt der „Kontaktaufnahme".

5. Treff: Ich gebe eine Postkarte ab, die ich von Dir aus China erhalten hatte, auf der nichts Belastendes stand, weil ich ohnehin überzeugt war, das meine Post überwacht würde.

6. Treff: Man eröffnet mir, daß weitere Zusammenarbeit nicht nötig sei (Du warst da schon in Berlin), man wollte sich aber revanchieren, indem man mich zu einem Drink ins „Astoria" einlud, auf einmal tauchten noch zwei Herren auf, die sich auf Kosten ihrer Firma etwas betranken, bzw. mir schien, man wolle mich auch betrunken machen, aber das geht nicht, denn ich vertrage zum Glück viel und behalte die Übersicht.

Ja, dies waren sie, meine Kontakte! Was bin ich nun, Opfer oder Täter?

Falls es Dich nach so langer Zeit noch interessiert, es geht mir gut, bin sehr glücklich verheiratet, haben bald Silberhochzeit und zwei Kinder, Junge und Mädel, die noch lernen und studieren.

Ich bin einfacher Pauker geblieben, habe bewußt auf jegliche Karriere verzichtet, als ich es - da war ich Mitte 20 – ablehnte, in die SED einzutreten, mein Mann genauso. Wir haben, wie Gauck kürzlich sagte, immer die „Gegenkultur" bei der Kirche gehabt, haben nicht opponiert, waren aber auch nicht korrumpierbar. Reichtümer kannst Du damit natürlich nicht erwerben, haben also die übliche Neubauwohnung, hatten den üblichen Trabi, das war's dann.

Sollten wir trotzdem irgendwie unbewußt zu staatstreu gewesen sein, dann sei gewiß, daß wir jetzt dafür büßen und bezahlen, so wie immer der kleine Mann die Zeche bezahlt, wir bezahlen mit dem totalen Verlust unseres Sicherheitsgefühls, mit unendlicher Überlastung und Streß, um diesen Kulturschock, der seit der Wende über uns hereingebrochen ist, zu verarbeiten, aber wir haben es gewollt, und es gibt kein Zurück, auch wenn die Wende für Leute meines Alters zu spät gekommen ist, bin ich letztlich nicht pessimistisch. Aber wir sind so mit unserem täglichen Überlebenskampf beschäftigt, daß uns die Ereignisse vom Herbst '89 und die endlosen Stasi-Geschichten wie der Schnee von vorgestern vorkommen, so schnell rollt die Zeit – kann auch gefährlich werden!

Ich wenigstens wollte mich stellen, wenn ich auch mein Inkognito nicht lüften möchte aus vielen Gründen, die auch mit dem oben gesagten zu tun haben, auf jeden Fall geschieht es nicht aus Feigheit, Dir gegenüberzutreten.
Verzeih, versuch zu begreifen, wie es war und gehab Dich wohl.

Ich wünsche Dir und Deiner Familie das Allerbeste in Deinem weiteren Leben.

Rosemarie

PS: Ich hoffe sehr, daß in Bautzen II eine Gedächtnisstätte zustande kommt, werde sie bestimmt anschauen; wenn ich mal nach Bautzen komme, wo ich sonst nichts mehr habe als ein Grab.

Eine Antwort, die nicht abgeschickt werden kann

Liebe Rosemarie,
meine Frau, unser zufällig hier weilende Trauzeuge H. C.
Toellner aus Berlin und ich haben Deinen ausführlichen
und lieben Brief lange diskutiert. Wie schade, daß Du doch
lieber Deinen jetzigen Namen und Aufenthaltsort nicht
preisgeben möchtest, aber das muß ich natürlich respektie-
ren, auch wenn Du gar keinen Grund hast, Dich vor mir in
irgendeiner Form zu fürchten oder gar zu schämen.

Ich gebe zu, als ich in meinen 1000 Seiten Stasi-Akten
sah, daß auch Du „IM" warst, verfiel ich zunächst in tiefste
Grübeleien und Depressionen. Schließlich warst Du mir
damals vor allem wegen Deiner Ehrlichkeit und Anstän-
digkeit so sympathisch. Nie hätte ich für möglich gehalten,
daß ausgerechnet Du …

Aber dann habe ich Deine „Berichte" gelesen. Und die
Unzufriedenheit der Stasi mit diesen wirklich harmlosen
Sachen, die Du über mich „preisgegeben" hast. Vor allem
war ich entsetzt, als ich die infame Stasi-Methode erfuhr,
wie man dich bewußt über mich falsch informierte, einen
Brief fälschte, der die Spuren in meine Richtung lenkte.

Mir war sofort klar, daß Du auf keinen Fall ein Täter,
sondern ein Opfer warst. Insofern habe ich Dir schon nach
der Lektüre verziehen, denn die Umstände, unter denen die
Stasi-Ungeheuer Dich, ein hochanständiges Mädchen aus
Bautzen, in ihre Netze fing, sind absolut mildernd für Dich
und bei jedem Richter Grund für einen Freispruch erster
Klasse: wegen erwiesener Unschuld. Die, die Dich in diese
Rolle gegen Deinen Willen und Deinem Charakter wider-
sprechend hineingeschubst haben, die sollten auf der
Anklagebank sitzen. Sollte sich kein irdischer Richter
finden, der diese Halunken, Menschenschinder und Ver-
brecher bestraft, ich glaube an eine höhere Gerechtigkeit.
Sie alle werden ihre Strafe bekommen, ob jetzt oder in

einem späteren Leben, das liegt nicht mehr in Deiner oder meiner Hand.

Es hat mich aufrichtig gefreut, daß Du glücklich bist und eine Familie um Dich geschart hast. Auch mit einem „Trabi" kann man glücklich werden: es muß ja nicht immer ein „Daimler" sein ...

Solltest Du plötzlich doch das Bedürfnis spüren, mich wiederzusehen und ein Glas Wein mit mir zu trinken, natürlich ist auch Dein Mann herzlich willkommen, Du weißt ja, wo ich zu erreichen bin.

In alter Verbundenheit
Dein
Xing-Hu Kuo
Sindelfingen, 24. April 1993

ISBN: 3-925434-35-6, geb. mit Schutzumschlag, 410 Seiten,
zahlr. Fotos und Dokumente, DM 36,00.

**Dieses Buch ist zum Standardwerk über das Zuchthaus Bautzen II gewor-
den. Erst jetzt wurde der chinesische Journalist voll rehabilitiert, seine
Ausführungen werden sozusagen amtlich bestätigt. JETZT hat Kuo, dessen
Buch in Ost und West gleichermaßen positiv bewertet wird, die PDS auf
Schadenersatz für die SED-Verbrechen verklagt. Der Fall erhält somit eine
neue Brisanz.**

C. und M. Shedd

Geistliche Partnerschaft
in der Ehe

Tips und Anregungen

hänssler
Neuhausen-Stuttgart

CIP-Titelaufnahme der Deutschen Bibliothek

Shedd, Charlie W.:
Geistliche Partnerschaft in der Ehe: Tips u. Anregungen/C. u. M. Shedd. [Übers.
von Friedhilde Horn]. – Neuhausen-Stuttgart: Hänssler, 1988
(Telos-Bücher; 1298: Telos-Paperback)
Einheitssacht.: Bible study in duet ‹dt.›
ISBN 3-7751-1262-6
NE: Shedd, Martha:; GT

TELOS-Bücher
TELOS-Paperback 1298
© Copyright 1984 by The Zondervan Corporation, Grand Rapids, Michigan
Originaltitel: Bible Study in Duet
Übersetzt von Friedhilde Horn
© Copyright 1988 by Hänssler-Verlag, D-7303 Neuhausen-Stuttgart
Umschlaggestaltung: Heide Schnorr von Carolsfeld
Die Bibelstellen sind gemäß der Luther-Übersetzung 1984 zitiert.
Gesamtherstellung: Ebner Ulm